人生の結論　目次

第2章　働くことについて

第3章　自分との付き合い方について

第4章　粋について

第1章　人間関係について

他人と上手く付き合うには、自分と上手く付き合う

以前、とても興味深い本を読みました。自殺をした著名人の理由とそのいきさつを書いた本です。とても多くの人が、人間関係が理由で自殺していました。死ぬ理由が人間関係なら生きる理由も人間関係なのでしょう。複合的な自殺の原因の一つが人間関係であることもよくあります。

僕がいつも感じるのは、大人も子どもも人間関係の悩みのレベルは似たり寄ったりだということです。イジメにしろ、人の好き嫌いにしろ、子どもの世界にあることは大人の世界にもあるし、大人の世界にあることは子どもの世界にもあります。

しかし、成熟した大人には大人の付き合い方のルールがあります。

人付き合いは、自分が自分を正しく評価し、それを受け入れることから始まります。「私自身が見る私」と、「他の人から見える私」が違っていては、出発地点から既にずれた

人間関係しか結べません。

上手《うま》く他人と付き合うためには、まず自分が自分と上手く付き合うことが非常に大切なことなのです。

人間関係を突き詰めれば、「無理をして付き合わないこと」

82年生きてきて残った人間関係は、無理をして付き合わなかった人ばかりです。

しかし、一切無理をしなかった人たちばかりではありません。誰かのために無理をしたこともあるし、相手も僕の無理を聞いてくれたことも数多くあるでしょう。

なぜ、それでも今なお良好な関係が続いているのかと言えば、持ちつ持たれつ、関係が平等だからです。

そして、その無理が「期間限定」であることも重要なことです。いつも自分がその人に対して無理を言う、または、無理を言われるという人間関係が固定化してしまうと、それは、まるで主人と奴隷のようです。

そういう関係に不満を持たない人間がいるでしょうか。人は必ず離れていきます。

そして一見冷たいように聞こえるかもしれませんが「人は、自分が自分を思うほど、自分のことを思ってはくれない」ということに気づくのが、成熟した大人になるということなのです。

幼児性の強い人は、人の興味がそれほど自分にないことが理解できず、自分語りを続け、自分の要求ばかりを押し付けてきます。それを聞いている相手の噛《か》み殺したため息にさえ気がつかないのです。

僕は、そういう人たちを「自分中毒」と呼んでいます。

人に何かを与える。そして相手からも何かを与えられる。その関係に無理がない。それが理想の関係です。

無理がない人間関係は、その人といると楽しい、それだけです。

この人といると心地いいなあと思えるときは、それは自然に心地いいのではなく相手がさり気なく気遣ってくれているのです。人間関係の面倒くさい部分を引き受けてくれているのです。

だから、その心地よさに一方的に甘えるばかりではなく、その環境を与えてくれた人に自分からもお返しをしなければ、その関係はいずれ駄目になります。

「親しさ」と「図々しさ」は紙一重であることを自覚しなければ、無理のない人間関係は築けません。

そして親しさと図々しさをはき違えないために有効な方法があります。それが「礼節」です。

どれだけ親しくても、いや、親しいからこそ礼節を忘れてはいけないのです。

無理をして人と付き合わないことの要は、「礼節をもって平等」ということを忘れないということなのです。

八方美人は八方塞がり

人間関係のいちばん大切なキーワードは、「敬意」です。僕は長く続く友人たちとは、2、3年ぶりに会ったとしても、2、3日前に会ったかのように振る舞えます。

お互い「敬意」を持っていれば、人と人の距離感は定まります。「心の距離感」だけでなく、実際どう接するべきなのか、「態度の距離間」も自《おの》ずと定まります。

人と人の関係は、距離が近過ぎて壊れるのです。

距離が近過ぎるということは、相手への依存があるということです。親だろうが、上司だろうが、友人だろうが、どちらが上でどちらが下という気持ちを捨てなければよい関係は築けません。どんな上下関係や主従関係があったとしても、それは便宜的なもの。人と人は、お互いに敬意を持てるかどうか、これに尽きます。

人とのコミュニケーションは、そんなに難しく考えなくていいのです。

伝えたいことがあるときに話しかけ、話を聞いてもらい、話すべきことがないときは、口を閉じる。無駄口は叩かない。沈黙も会話のうち。そして人が話しているときは、真剣に聞く。基本はただそれだけです。

そして、八方美人は八方塞がりの元です。

誰でも人には嫌われたくありませんから、気がつくと誰にでもいい顔をしてしまいがちです。ついついいい人を演じてしまい、自分を苦しめてしまう結果になることはよくあります。

八方美人で人間関係を保つぐらいなら、人の好き嫌いですっぱりと付き合う人間を決めたほうがよほどストレスの少ない人間関係を築くことができます。

無駄にいろいろな人に好かれようとすると人に利用されます。そして利用されたことに気づいたとき、自業自得とはいえ悔しい思いをするのです。

僕が人間関係を築くときは、「素直さ」ということをも大事に考えています。この人とは分かり合えそうだな、この人とはあまり上手くいきそうではないから距離を保ったほうがいいなと、自分が思うがままに素直に人付き合いをするのがいちばん自然で何よりも気持ちのよい関係が築けるのです。

人との付き合いは、1＋1＝100

1人の人と付き合いを持つということは、その人の後ろに広がる人たちとも人間関係を持つということです。その後ろにいる1人と新しく付き合うということは、またその後ろにいる人たちとも付き合いが始まるということです。

そうやって知り合いが増えていく中で、例えば親友を見つけたり、恋人や伴侶を見つけたりするのです。1＋1＝2ではなく、1＋1＝10や100かもしれません。人生は、誰と出会うかで決まります。

人間関係が広いということは、何か問題が起こったときに、助けてくれる人やアドバイスを受けることが増えるということです。

何でもかんでも自分で抱え込んでしまい、煮詰まってしまうことも減ります。

その新しく広がった人脈で、「上手に人に頼る」「上手に人に甘える」スキルを上げることは生きていく上で大事なことです。

たまに行く老舗《しにせ》の料理屋に、とても可愛らしいお嬢さんがいます。名の通った料亭なので、お客さんも高名な様々な人たちが来ます。彼女はその人脈を使い、お見合いしたりするのですが、なかなか伴侶が見つかりません。お見合い紹介所に登録しても自分が望むような相手と縁を結ぶことができず、40を過ぎました。

正直に言えば、周りの人はその理由が分かっています。その店に来るお客さんのレベルが高いので、つい自分もそのレベルの男性を求めてどの縁談も断ってしまうのです。確かによりよい相手を求めて伴侶を選ぶのは当然のことですが、この人ならと薦めてもらった相手をあまりにもすげなく断ってしまうので、人付き合いが1＋1＝0のままで発展しないのです。そういうふうに何度も断る女性に、次の話はなかなか来ません。

僕の目から見れば十分に可愛らしい女性なのですが、あまりにも多くのものを相手に求め過ぎていると周りの人は言います。

時々お茶などをご一緒する家人は、彼女があまりにも自分語りが多くて、人の話を聞いていないと言います。それでは自分の欠点に気がつかず直せないだろうと。一言で言えば、可愛げがないのだそうです。

可愛いは、人生のある一定の期間限定ですが、可愛げは一生続く身に付けるべき資質です。

モテない、恋人ができない、と自嘲気味に若い人から打ち明けられることが多くありますが、まず、「自分語り」をやめなさいと僕は助言します。

将来の不安や孤独など誰もが抱えているのに、自分より問題を抱えている相手を伴侶としたい人がいるはずもありません。

自分の力でどうにかなるものを、他人に乞うべきではありません。

そのような人を、誰かに紹介したいと思うでしょうか。

人間関係の1＋1＝100どころか、1＋1＝マイナスです。

人と繋《つな》がる技術と成果を、成熟した大人は学ばなければいけません。

無駄な駆け引きをしない

人と人の関係は、素直がいちばんです。

相手が連絡してこないから自分も連絡しない、相手が会いたいと言ってこないから自分も会いたいと言わない、そういう人間関係の駆け引きは本当に心と時間の無駄遣いです。

声が聞きたければ自分から電話すればいいし、会いたければ自分から会いに行けばいい。

まずは、自分から。

伝えなければ、伝わりません。

僕の年になると、会いたさがつのっても、もう会えなくなった人たちがたくさんいます。

特に若い人たちは、変に自意識過剰に陥らず、会いたい人には会いたいと、好意がある人には好きですと、素直に行動すべきなのです。とにかく人は人と出会わないことには何も始まらないのですから。

そして人と出会っても、長く続く人よりも短い関係や浅い関係で終わることのほうが多いのは確かです。一生の友や伴侶と出会うことはとても幸運なことなのです。

最近の人気のテレビ番組で、昔とても仲がよく親しかった友人は現在何をしているのかと調査する番組があります。その探し当てた相手は毎回素敵な人たちで、番組に出たタレントさんたちは、やっぱりね、あんなに立派な人になっていたんだと賞賛するのがこの番組のパターンなのですが、僕が少し違和感を抱くのは、それだけ親しかった友人とも縁が切れているという現実です。

別れは「さよなら」と宣言することのほうが稀《まれ》で、「それでは、またね」と言って二度と会わないことのほうが圧倒的に多いのです。切ないけれどそれが現実です。

だから、会いたい人には、素直に好意を伝えに会いに行くのです。

たくさんの人と出会い自分の世界を広げていくことは、老いも若きも生きがいとなる人生の最大の楽しみなのです。

その醍醐味《だいごみ》を知った人は、駆け引きなどせず人との出会いを楽しみ続けることができるのです。

エネルギー泥棒

「エネルギー泥棒」から、身を守ることは大事なことです。エネルギー泥棒は、とにかく人を否定してやる気を削《そ》ぎます。

僕が小学生の頃、隣の席の女の子が苦手な算数の問題を一生懸命解いて教師に喜んで見せに行ったところ、誰に答えを教えてもらったんだと教師が叱責《しっせき》した場面が今でも忘れられません。

もしかすると、その女の子が算数や数学に目覚める大事なきっかけの瞬間だったかもしれないのです。

大人の世界も同じです。エネルギー泥棒は身近にもたくさんいるのです。

彼らは常にネガティブな言葉で人のやる気を削ぎます。その人たちの深層心理は、人を自分のコントロール下に置きたい、もしくは、自分を追い越して行く人が目障りだといったところでしょうか。

気をつけなければいけないのは、あなたのためを思ってという善意の顔をしたエネルギー泥棒です。

僕の医師の友人は、大学受験のときに絶対にその大学には受からないからと進路変更をさせられそうになったそうです。しかし、その教師と喧嘩《けんか》をしてまで受けた大学の医学部に結果的に受かり、今は、優秀な医師として活躍しています。彼は今でも、あの教師の言うことを信じていたら、自分は全く違う人生を歩んでいただろうと思うとぞっとすると言います。

他にも、そんなことでは将来の保証はないぞという最悪の脅し文句で人をコントロールしようとする者もいます。

エネルギー泥棒と、真剣なアドバイスをくれる人を混同してはいけません。

なりたい自分になるのか、人に求められている自分になるのか、そこの信念をはっきりと持っていればその人の区別がつくのです。

自分を愛せる程度にしか他人は愛せない

これは真理の言葉だと、他人を見ても自分を省みても思います。自分さえ愛せない人が他人を愛せるはずがありません。

人は自分の肯定を超えて、他者を肯定することはないのです。自己理解の限界が、世界への眼差しの限界になるのです。

自分を愛せない者は、人を憎み始めます。

もっと言えば、自分を愛する方法を知らないと他人を愛する作法が分からないのです。

よく、あの人って自分好きだよな、などとマイナスの意味で使われますが、僕は自分大好きで上等だと思っています。

その人は、人の愛し方の作法も知っているはずです。今は、以前の日本人によく見られた、ウチの愚息《ぐそく》がとか愚妻がなどと謙遜したり自分を卑下してみせるのをよしとする時代ではないのです。

自分に厳しく、人に優しく、もう一巡して自分にはもっと優しく。

自分に自信があるからこそ、人に優しくできる余裕が生まれるのです。そういう人の周りには、同じような人たちが集まってきます。

もっと言えば、自分を守れる人が人も守れる人なのです。

まずは自分を好きになることが人と繋がる全ての始まりの第一歩なのです。

他人に完全を求めない、自分が不完全なのだから

今の世界に、どれだけ「他人評論家」が増えているのかと思うとぞっとします。

僕は82歳ですが、僕が子どもの頃に育った秋田の小さな村でいちばんの美女は、今で言うとミスユニバースでしょうか。大袈裟《おおげさ》ではなく、村のお祭りで踊る、その美しい女性は何十年経っても鮮明に思いだせる美しさです。

今のネット社会では、ミスユニバースの世界中の美女と村でいちばんの美女が比べられてしまうのです。

芸能人が太った痩せた、誰それが不倫した、外国人力士の品位がどうしたから始まり、身近ではママ友との付き合いから、子どもの世界では学校の裏サイトまでずっと噂話で溢《あふ》れています。

まるで、自分が他人を裁く価値のある人間だと言わんばかりです。

他人を裁く他人評論家が陥る罠《わな》があります。

それは、他人を裁く他人評論家の目は、自分自身も評価することです。

自分の心の目が、人を不躾《ぶしつけ》に見るその目で己を見つめ返してくるのです。

その結果、ネット上では匿名で異常なまでに他人の粗《あら》を探しつつも自己評価も低いという、とても歪な人々が増えたなあというのが実感です。僕の年より上の人がネットを使いこなすことはあまりありません。僕は遅れてきた最後のネット世代だと思います。

それはそれでよかったという思いと、いっそ他人評論家だらけのネットなど知らないほうがよかったという思いがあります。

村でいちばん美しかった女性しか知らない喜びもあったはずだからです。

それはそれで、とても幸せなことだったのだろうと思います。

人の好き嫌いぐらい自分で決める

僕が、固く心に決めているのは「人からの伝聞や噂で人を嫌いにならない」ことです。人の話には必ずその人の主観が混じります。逆に、やりとりのない人に、勝手に自分像をつくられたくはありません。

人を好きになることぐらい、人を嫌いになることぐらい、自分ひとりで決めるのです。

僕の知り合いに、「スピーカー」と呼ばれている年配の女性がいます。もちろんネガティブな意味で揶揄《やゆ》されているのですが、一方でとても便利な存在として利用されています。

誰かの秘密や悪口を広めたいと悪意を持ったとき、皆、彼女にこう囁《ささや》くのです。

「この話は秘密にしておいてくださいね。もし誰かに話をするときは、この話は秘密だとちゃんと言ってくださいね」

それだけで、広めたい人の悪口や秘密は3日でコミュニティ中に広まります。

落語みたいな滑稽な話ですが本人は利用されていることに気がつかず、喜々として噂話を広めていきます。

人から利用される人は、人から認められたと錯覚します。

自分で情報をコントロールしていると思い込んでいるその姿は、まるで裸の王様です。しかし、その裸の王様の奴隷たちのなんと多いことか！「王様の耳はロバの耳」の寓話《ぐうわ》そのものです。

僕は、何か気になる話をされたときは必ず本人に尋ねます。

それがどれほどネガティブなことであっても、いや、聞きにくいことこそ本人に真偽を確かめることが礼儀なのです。

僕は他人に対しては自分の耳で聞いたこと、目で見たことしか信じないようにしています。

自分もさんざん噂などで嫌な思いをしてきたからです。しかし何か問題が起きたときに本当の人間関係が分かるので好機だとも思っています。

そして、自分の悪い噂を立てられたとき「そんな人じゃないよ」と庇《かば》ってくれる人はもちろんありがたいのですが、「その噂が本当だったとしても、それでもいいよ」と言ってくれる人も少なからずいます。

その「それでもいい」人を生涯大切にしたいと常々思っています。

人の噂などにいちいち振り回されるブレた人間になりたくないというのが僕の信念です。

人に知られたくないことは誰にでもありますが大体バレているものです。

バレているけれど、それをあえて指摘しない優しさか、それでもいいよと思って受け入れてくれている優しさか。

お互いさま、お互いさま。

他人に対して潔癖症にならないように気をつけたいものです。

人との縁を切る

「人との縁を切る」という覚悟を持つことはとても大事なことです。長い付き合いだからとか、親子だからとか情に縛られて苦しみ続ける必要はありません。

自分を苦しめる縁など一度切ってしまえばいいのです。

本物の縁ならば、また繋がります。

自分を苦しめる人との縁を守らなくてもいい。もし再び繋がったなら、その縁を大事にすればいいのです。

そして、自分を苦しめる古い縁は、新しい縁を結ぶ障害になることはよくあります。理想を言えば、一度結んだ縁は大事にして、さらに自分の世界を広げてくれる新しい縁を結ぶことです。しかし、人の縁の新陳代謝が必要なときも人生には何度か訪れます。

僕の経験で言えば、一度縁を切った人は、何か気に入らないけど捨てるにはもったいないからもう一度着るかもしれないと取っておいた洋服に似ています。もう一度着てみると やはり同じ理由でしっくりいかずに結局着ないのです。選ぶ洋服さえ変わるように、付き合う人が変わるのは仕方がないことだと思います。

特に若い人に言いたいのは、「自分が犠牲になっていくらかの人を幸せにするよりも、いくらかの人との縁を切って自分を幸せにすること」を選べということです。

自分の不幸の上に成り立った人の幸せの数より、自分が幸せになることによって人を幸せにできる数のほうがずっと多いのです。

人と決別することは簡単なことではありません。人には情も事情もあります。しかし、決別すべき人とは決別すべき理由があるのです。

しかし、ここでとても重要なのは「ただ決別するのではなく、許して決別する」ということです。

恨みつらみを胸に抱えたままでは、物理的な人の縁は切れても、心の縁は切れていないのです。

心の縁を切るためには、相手を裁くのではなく、ただ許して別れを決意するのです。

許すが忘れない

僕がツイッターで知り合ったある女性は、アダルトチルドレンとして傷ついた大人たちのケアをする活動をされています。彼女自身も親に否定され続けて育ち、とてもつらい子ども時代を過ごされたのですが、同じつらさを経験した人たちを募って、強く生きていくための定期的な集まりを企画されているのです。

彼女は今、娘である自分に無関心で顧みず、父親の横暴や暴力を許した母親を憎んでいるにもかかわらず高齢の母親の介護で苦しんでいます。

僕は、そんな母親の呪縛からは解かれるべきだと思うのですが、彼女とのやりとりの中でそのことについては一言も触れません。彼女自身の優しさからなのか義務感からなのか分かりかねますが、縁を切らないと決めた本人の意思だと思っているからです。介護すべき母親だと決めたのなら、他人の口出しすることではありません。

僕なら自分の子ども時代から60代になるまで苦しめられ続けた母親であれば縁を切ります。対応しません。

しかし人の情とは、優しさと想像力があれば、理解ではなく共感として共有できることもあります。

僕は親子関係にドライな感覚を持っています。親とはいえ、父、母ではなく、自分自身の人生と同じくいろいろな都合があり、失敗した過去を抱えた男女であると割り切っていました。

自分の親でさえいろいろな過去のあるミステリアスな人、いちばん身近な他人だと思っています。

自分が完璧な子どもでないように、完璧な親などいないのです。

人生はそれぞれなのですから、対応すべき人、すべきではない人も人それぞれなのでしょう。

物心ついたときからのトラウマから逃げられないアダルトチルドレン救済のボランティアをする、しかし一方で彼女を苦しめた母親の介護は最期まで看取《みと》るという決意は、一見、矛盾しているように感じますが「許すが忘れない、しかし受け入れる」ということなのでしょう。

そして、許すが忘れないということは相手にちゃんと伝えなくては昇華できません。あなたには私の大事な人生の大半の時期を台無しにされた、今もされている。心の傷は今でも深い、しかしあなたを許すのだと。

もしかすると、介護されている彼女の母親にとっては、子育てなんて誰でも未熟なところがあるんだよ、横暴な夫に振り回されていたんだよと、言い訳はたくさんあるのかもしれません。

「謝って」という彼女の、心からの謝罪を望む言葉に、母親は「すまなかったねえ」と1回きり謝ったそうです。自分の人生を捻《ね》じ曲げた母親の懺悔《ざんげ》の言葉は、後にも先にもその1回きりだそうです。

それでも年老いた母親を看取ろうと決心するきっかけになったそうです。

多分、彼女は自分の父親母親を一生恨むでしょう。幸せな家庭に育った誰かを一生羨《うらや》ましく思うでしょう。

正直に言えば、母親に愛情はないでしょう。愛と言うより情、慈悲に近いのではないでしょうか。

それでも、許すと決めて前に進むその姿は、逞《たくま》しく美しいとすら思えるのです。

「人を助けること」と「人に助けてもらうこと」そのどちらも身に付いているのが成熟した大人の証なのです。

失礼な人は無視してもよい

自分は普通に接しているのに、礼儀をわきまえていない人がいます。僕自身も、そういう人の態度に若い頃は傷つき悩まされていました。何か自分に悪いところがあるのか、こちらから相手をそういう態度にさせる原因があるのかと。

しかし、気づきました。失礼な人は、僕と上手くやろうという気がない人なので、元々気にすることはないのだと、真剣に相手にする必要はないのだということに。

相手と上手く関係を築こう、仲良くしようと思っている人は、自ずと態度がよくなるはずです。あなたは失礼な態度の人の言葉に「ああ、そうだな、この人の言う通りだ」と納得したことがありますか?

僕は一度もありません。

人の心を動かそうとするためには、自ずと言葉や態度はていねいで、誠実になるはずなのです。だから、失礼な態度で臨んでくる人に自分が心を痛めて対応する必要は全くないのです。

失礼な態度の人を観察していると人を選んでいます。そして、あなたには失礼な態度で十分だと高をくくっているのです。

礼節もなければ、平等でもない人とは、最初から上手くいかなくても仕方がないと割り切って付き合うしかないのです。

ツイッターをやっていると、驚くほど無礼なリプライを送り付けてくる人がいます。周りのSNSをやっている人はみな同じような経験をしています。

しかし、僕が真っ先に感じるのは、怒りよりも憐《あわ》れみです。匿名の陰に隠れて人を不快にさせようとする者が、優しい人に囲まれた幸せな生活を送っているとはとても思えません。

外面は内面の一番外側です。

彼らは、美醜の問題ではなく、あまり魅力的な外見はしていないのではないでしょうか。表情や、些細《ささい》なしぐさや、ものの扱いなど、荒《すさ》んだ心は荒んだ外見として現れるはずだからです。

反応すべき人・反応すべきではない人

誰に反応するのか、しないのか？　日常の快・不快はこれにかかっています。

反応すべきではない人に反応するのは不快の極みです。逆に反応すべき人に反応するのは本当に楽しいものです。

例えば、相手から何か不快な言動をされても、自分の中で反応すべき人・すべきではない人という基準をしっかりとつくっておけば、心を乱されることが減ります。

もちろん、人の心ですから、そのときは不快に思うでしょうが、今は反応すべきではない相手と対峙《たいじ》しているのだと覚悟を決めていれば、あとでその不快を引きずることは減ります。

そして、反応すべき相手と対応しているときは、相手を尊重し丁寧な対応を心がけるのです。

縁あって出会えた全ての人と上手く人間関係を築くことができれば言うことはないのですが、それは絶対に無理なことなのですから、この価値基準は、少しでも日頃の人間関係のストレスを減らすための手助けとなるのです。

そして、反応すべきではない人の中には身内が含まれていることがよくあります。親子や兄弟であっても、いやむしろ、どうしても付き合わざるを得ない人間だからこそ、この価値基準が自分を守ってくれるのです。

それは、あきらめに似た感情です。

それでも、この人の言動に自分は反応しないと決めるのです。

その代わり、反応すると決めた人からの言葉にはいつも注意深くなくてはなりません。

それが、とても耳の痛い忠告であってもです。反応すべきは、自信をつけてくれる人、そして、自信過剰を諫《いさ》めてくれる人だということです。

まずは、反応する人と、反応しない人を見極めるだけの人を見る目を養わなければいけないのです。せっかく自分のためにあえて厳しいことを言ってくれている人を、反応すべきではない人と間違えては己の成長はありません。甘い言葉だけに反応し、厳しい言葉に反応しないのは、子どものような幼稚な甘えです。

相手を深追いしない

誰かに何かを求めても得られなかったのなら、深追いすべきではありません。

なぜなら、その人は自分の求めるものを持っていないか、持っていても提供できない理由があるからです。人であろうが、物であろうが、何であってもです。

人生には「上手にあきらめる」ことが必要なときもあるのです。執着は人間関係をこじらせるだけなのです。

僕が感じるのは、愛が深いということと、人に執着することの区別が付いていない人が増えたということです。

愛が深い人の視野は、とても広く他人の自由を尊重します。執着する人の視野は、驚くほど狭く相手をどんどん束縛します。

特に若い頃の恋愛や人間関係は、この二つを混同しがちですが、相手がどれだけ自分に自由を認めてくれるのかということで判断できます。

これは、血の繋がった親子であっても当てはまります。甘やかすことと、子どもに自由を与えることの違いと似ています。

相手を深追いするということは、相手を追い詰めていきます。追い詰められた人間がどういう態度に出るのか、結果は分かっています。反撃か逃げ出すかの二択です。どちらにせよ追い詰めた側の人間に、よいことなど何もありません。追い詰めたいほど愛の深い人ならば、その人を失うと分かっていることをわざわざする必要がどこにあるのでしょうか。

人を深追いするよりも信頼のもとに相手の自由を尊重することが、より自分に寄り添ってくれる人間関係が築けるのです。

一流は競う、二流は群れる

群れることと仲間をつくることとは全く違うことです。

仲間は意見や個性が違っても相手を受け入れますが、群れているだけの者はちょっとしたことで喧嘩別れします。短期間の人間関係しか築けないのです。共通の仮想敵をつくることによって一時群れるだけで本当の仲間ではないので、人間関係を維持する努力ができないのです。

もちろん、元来の性格もありますが、一流同士は決して群れません。二流同士は慰め合います。一流同士は競い合うのです。そして、お互いに認め合う仲間になります。認め合いながらの競争なのです。

十数年前にゆとり教育が施行されたときに、僕は何と馬鹿な教育政策かと啞然《あぜん》としました。

子どもに必要なのは愛と教育であり、ゆとりなどではありません。愛情のふりをした競争原理の放棄だと直感しました。

しかも、ゆとり世代の子どもたち自身にとっては、大人が作った教育政策なので何も責任はないのですが、「ゆとり世代」と一括《ひとくく》りに揶揄される始末です。

もちろん、一個人が間違いを犯すように、国が政策を間違えることは歴史が証明していますが、当人たちにとってはたまったものではありません。

結果的に、詰め込み教育はよくないとゆとり教育を信じた親の子どもたちと、ゆとり教育政策を信じずに塾に行かせたり家庭教師を付けたりした親の子どもたちの間に、教育格差が広がり社会問題になりました。

僕の世代が全てよかったとは思いませんが、少なくとも競争原理は幼い頃から身に付いていました。

例えば、ゴッホとゴーギャンが分かり合えていたら、決別したあとにお互いにあれほどの傑作は生まれなかったと思います。一流同士は決して群れるものではなく、競い合い、そして悲劇であっても一流の成果を遺《のこ》すのです。

一流になった者同士が真の仲間であり、競争相手になれるのです。

相手の怒り方を見極める

特に若い人たちに言いたいのですが、恋愛相手や伴侶を選ぶときに気をつけて見ておくべきは、その人の怒ったときの態度です。

怒り方には、本性が出る、教養が出る、生まれ育ちが出る。全てが出ます。

怒りは裸の感情です。裸の感情でありながらも計算高い側面を持つ感情でもあります。他の資質がいくらよくても、怒り方が駄目な人とは結局は嫌な人間関係の終わり方をすることになります。

ニュースを見ていると殺人や暴行などの事件が毎日のように報道されますが、その原因の大半は怒りを制御できなかったことが理由です。

些細なことからカッとして犯行に及ぶ者もいれば、長年の恨みを晴らしたという者までいろいろですが、怒りとは人間の感情の中でもコントロールすることが難しいのです。

自分自身が怒りの対象になったときのことだけに気を取られてはいけません。たとえ自分にはそれほどの怒りの態度を取らない人でも、駅員やコンビニの店員や役所の窓口など、絶対に怒り返してこないと判断した相手にはどこまでも簡単に怒りをぶつける人の態度は、いずれ自分への態度になります。

もちろん怒りの感情を持たない人間などいません。

しかし、怒りの感情を人に伝染させまいと努力できる人たちはいます。

例えば、1に値するぐらいの相手の間違いや失敗に対しては1の怒り。10ぐらいに対しては10の怒りというふうに、事象に見合った怒りというものは仕方のないことです。

しかし、怒りの病にとりつかれた者は、わずか1ぐらいの相手の失敗に100の怒りを爆発させることとさえあるのです。

売り言葉に買い言葉と言いますが、怒りの感情は伝染します。

そうです、怒りの感情は簡単に伝染するのです。

怒りを抑えられない人の特質は人としての余裕のなさです。

僕は気持ちよく暮らしていくためいちばん大事なことは、「人としての余裕」だと思っていますが、余裕のない人の怒りの導火線は驚くほど短いのです。

先ほども書きましたが、怒りとは時に人の命を奪うほどの感情なのです。

最近では、ネットで煽られたというだけで殺人事件が起きました。車のあおり運転で死者が出る事件も社会問題になっています。

だからこそ怒りを制御できない人とは、その人がどれほど魅力的に見えても今すぐ距離を置くべきなのです。

「喜怒哀楽の『怒り』だけがいちばん正直で純粋だ。喜び、哀しみ、楽しみの感情には純粋になれない、どこか嘘がある」と酒を飲みながら同年代の友人が言って妙に納得したことがあります。

そして僕が今まで生きてきて出した結論は、怒りを制御できない人は一見強そうに見えても弱い人間なのです。

弱いからこそ本能的に威嚇するのです。

怒り方が常軌を逸している者とは人同士として付き合うに値しないときっぱりと縁を切るのが自分の幸せに繋がるのです。

怒っていても、ドアは静かに閉めるのが成熟した大人なのです。

自分の生まれ持った性質通りに生きる

生きていれば自分の性質が分かります。そして、それに逆らうのをやめるのです。約束が苦手なら、最初から約束しないでゆるやかに人と繋がればいいのです。片付けが苦手なら最初から物を増やさないでおけばいいのです。

結局、持って生まれた性質は変わらないので性質に自分を合わせるのがいちばん生きやすいのです。

性質にあらがっても、苦しいだけです。

自分の持って生まれた性格や性質は一生変わりません。対処法を大人になりながら学ぶだけです。物事が起きたときの最初の感情の受け止め方は幼い頃と一緒です。

だから、自分の性格や性質を変えようとするよりも、自分の持って生まれたそれらを受け入れてくれる人や場所を見つけると、人生は随分と楽になります。

そんなマイナスな面も含めた自分のありのままを受け入れてくれる友達が一人でもいれば、もしくは家族がいてくれたなら、頑張って生きていけます。

自分の得意分野で生きていけばいいのです。

やりたくないことでも、やらなくてはならないことを求められることは社会ではよくあります。義務教育中は、その訓練だと思い、逃げ出さないで自分の性質と合わないこともこなさなければいけませんが、大人になればその裁量は自由です。

ただし、責任を負うのは自分自身だという覚悟は必要です。

勉学が好きという人の中にも、基礎研究が得意という人もいれば、応用が得意という人もいます。ファッションが好きという人の中にも、作るのが好きという人もいれば、着るのが好きという人もいます。

人に迷惑をかけない限り、自分の好きに生きればいいのです。

そして、自分の得意な分野を、他人が不得意だからといって、自分がその人より優れているなどと思い上がるべきではありません。

一つ駄目なら、全て駄目という人間評価が僕は嫌いです。あの人のここがスゴイね、僕はここがスゴイんだよでいいのです。

人付き合いの幼稚化

若い友人たち数人と話していたときに、彼らの不思議な共通点にとても驚いたことがあります。

例えば、行きつけの定食屋で店員にフレンドリーにされると、次に行く気が失せてしまうというのです。しかし、その店も店員のことも嫌いではないらしいのです。

そして、そのことをツイッターに書いたところ多数のリプライが来ました。その99パーセントが、彼らの気持ちが分かるし自分もそうだというものでした。

僕の率直な疑問は、定食屋で飯を食べることに何故それほどにナーバスにならなければいけないのかということです。何か一品サービスされたり名前で呼ばれるようになったり、僕にとっては嬉しいことが、彼らにとっては、その店に行かなくなるほど嫌なことなのです。

このツイートを読んだ、とても有能な編集者の方に私もそうですと言われて意外な気がしました。行きつけのコンビニで、いつものですか？と言われただけで他のコンビニに行くようになったというのです。

それでもっと踏み込んで聞いてみると、不愛想な店員のいる店など行く気にもならないと言うのです。その上、僕にとってはもう謎としか言えないのですが、誰かがえこひいきされているのを見るとムッとしてしまうそうです。

とても矛盾している答えなのですが、彼らにとっては整合性があるのです。

僕が定食屋に求めるのは、ご飯が美味しいこと、店員の気持ちのいい対応、値段が味と釣り合っていること、そのぐらいのものです。

コンビニでいつも買う商品をいつものですか？と問われれば僕は嬉しいですし、たまに気分が違うときは、今日は違いますと言えば済むだけのことです。

リアルな世界でもネットの世界でも人との出会いを求める人で溢れています。

しかし、人との繋がりを激しく求めているにもかかわらず、人とリアルに繋がるのは面倒くさい。

友達は欲しいけれど、その関係に縛られるのはもっと面倒くさい。

結婚はしたいけれど、それに伴う制約は面倒くさい。

それは、子どもの論理です。人と人との関係は面倒くさいものなのです。

その「面倒くさい」を自然にこなせるのが成熟した大人なのです。

その若い友人の一人がこう言いました。「前に、一品サービスされたのに今回ないのは、僕になにか気に入らないことがあったのかと思ってしまう。そんなことはないと分かっているのに、そういうふうに考えてしまう自分が嫌になる」と。

今日は、小皿がサービスで付いていてよかった、それでいいじゃないか、それに君の好みを分かってくれている証拠だと思うよと僕は答えました。

人間関係は、浅く付き合う人と深く付き合う人を、同等に深刻に考えなくてもよいのです。

自分の感情の都合で人を傷つけない

自分が傷つけられることには異常に敏感なのに、人を傷つけるのは平気な者がいます。「自分の感情の都合で人を傷つけるものではない」ということさえ大人になっても学んでいない者がいたら、相手にしないでそっと離れるのです。

なぜなら、「自分は傷ついた」という便利な言葉を盾に被害者の顔をした加害者だからです。

同じく、「自分の感情に振り回されるのをやめる」のはとても大事なことです。

楽しくないから笑えないのではなく笑っていれば楽しくなる。

やる気がないからやらないのではなく、やっていればやる気が出る。

人に嫌われるのが怖いから一人でいるのではなく、人を愛していたら愛されるのです。

そして、自分の感情に振り回されることばかりではありません。

「自分の親や教師や上司の感情の都合に振り回されない」と悟るのは、早ければ早いほどいいのです。世の中には、その時々の感情の都合で態度を変える者は大勢いて、それは自分の責任ではなく、それによって自分が振り回される必要はないのだと気づくのに早過ぎるということはありません。

僕の知り合いには、いい年をした中年も年配の者も多くいますが、驚くほど他人の都合のいい感情に振り回されている人たちがいます。

その原因は、子どもの頃の幼児体験がかなり影響しているのではないか、というのが僕の実感です。

例えば、子どもの頃に、日常的に親が大声で夫婦喧嘩をしたり自分を叱《しか》りつけたりする親のもとで育った人たちは、中年だろうが年配だろうが、大声を出す場面に出くわすと今でも心がざわざわと不安定になると多くの人から聞きます。

子どもだけでなく大人であっても、人をいちばん従順にさせるのは力がある支配する側の一貫性のない行動です。同じ行動をとっても、あるときは褒められ、あるときは叱られる。これを繰り返すと立派な奴隷ができ上がるのです。

子どもや部下にこれをしていませんか？

いつも人の顔色をうかがう、心の不安定な性質になってしまいます。

これは古今東西の典型的な独裁者のやり方です。

成熟した大人は、他人や、ましてや自分の大切な子どもにトラウマをわざと与えたりはしません。

自分の感情の都合で、大声を出して人を脅したり、態度を変えたりは絶対にしないのです。

いい言葉を使う人には、いい人生をつくる力がある

ネットの書き込みなどを見ていると、彼らにはある大きな二つの特徴がうかがえます。

一つ目は、自分の現状への不満で溢れかえっていることです。国が悪い、上司が悪い、何でも人のせいです。

そして、もう一つの特徴は、自分自身を責めて、自分に自信をなくしていることです。人を激しく攻撃するか、自分を激しく卑下するか。他罰的であるか、自罰的であるか二極化しています。

人間は、取るに足らないことやろくでもないこと、反抗心や反発心など、人の前で口に出さない感情が心の中にたくさんあります。人は、本当にたくさんの感情と日々向き合って生きています。

そこで何を人前で口に出すのか、態度に表すのかがその人の成熟度なのです。

自分の使っている言葉が、他人からのいちばんの評価の対象になるのは仕方のないことです。内面がいちばん分かりやすいのはその人の使っている言葉なのですから。

人間は言葉で思考します。だから、年を重ねたアイドルを見て「劣化」だとか、精神が弱った人に対して「メンヘラ」、一線から外れた人に「オワコン」などという流行《はや》り言葉が頭に浮かんだら、自分の思考は汚い言葉に毒されている、負けていると思ったほうがいいのです。

劣化しているのは自分自身です。

僕は、今現在、93歳の親類の女性を介護しています。家人の頑張りもあるのですが、介護をそれほど大変だと感じたことはありません。

なぜなら、恵まれたことに呆《ほ》けてはおらず、ことあるごとに、ありがとう、すまないね、美味しいねと感謝の言葉を発するからです。

年相応の失敗は多々ありますが、元々気持ちの優しい人で、逆に癒されることがあります。

しかし、決して平坦な人生を歩まれた人ではありません。伴侶は浮気を繰り返し、一人息子は自死を選び、義理の娘は遺産相続の裁判を起こし金銭を要求するなど様々な困難を乗り越えてきました。

しかし、その逆境に負けることなく、いつも優しい言葉を僕にかけ続けてくれました。

だからこそ晩年を引き取る決心がついたのです。

人間とは単純なもので、言葉がきつい人であったとしたら、引き取ることを躊躇《ちゅうちょ》したでしょう。

いい言葉を使う人には、いい人生をつくる力があるのです。

日頃使っている言葉とは、人生を変えるものであると言っても過言ではないのです。

言葉の選択力と人間力は正比例なのです。

誰のせいでもない

何か問題や嫌なことがあったとき、自分のせいか、他人のせいの二者択一ではなく、誰のせいでもないこともあると三番目の選択肢をつくって上手にあきらめるのは、少しでも楽に生きる人生のコツです。

その選択肢を残しておかないと、誰もそんな結果を望んでいなかったにもかかわらず、最悪の結果になってしまうことがあります。それぞれの人が自分の正義を全うしたつもりでも、望まない結果を招くことも多々あります。そういうときには、この第三の選択肢を考えるのです。

自分を傷つけない、他人も傷つけない、誰のせいでもないということをいつも心の隅に持っておくのです。

自分に譲れない都合があるように、他人にも譲れない都合があるのです。

誤解と理解で成り立っているのが人間関係ですが、相手の話をよく聞いてみると、「自分の正義」対「敵としての悪」ではなく「自分の正義」対「相手の正義」であることもよくあります。

自分の主張は大事だけれど、相手の話をよく聞くことも同等に大事なのです。

かつての友人に、不倫関係のもつれから自死を選んだ男がいます。妻と愛人から執拗《しつよう》に責められ、子どもからの信用も失い、仕事も手につかず追い込まれていたのだそうです。

自業自得だと言えばそれまでですが、家族を愛しながらも、他に好きな人ができてしまったことは、誰のせいでもないと僕は思いました。家族に愛情を持っていても、他の人にどうしようもなく惹《ひ》かれてしまうことはあるでしょう。

愛で失敗しない人間はいないのだと、誰のせいでもないと思えたのなら、別の解決方法があったはずです。

むしろ一人で逝った彼は不幸だけれど幸せです。残された家族や不倫相手はどれほどの悲しみや、やりきれなさを一生背負わされて生きていかなくてはならなかったでしょうか。

物事に、必ず正解を出さなくてはならないということはありません。

誰のせいでもないという回答もあるのです。

第2章　働くことについて

働くとは自由を手に入れること

仕事は時間と量と質の戦いです。時間のいちばんの節約は、急ぐことではなく確実にやることです。

「悠々として急げ」

開高健《かいこうたけし》さんの言葉です。時間に追われて仕事が雑になりそうなときは、この言葉を思い出します。

そして、何よりも人との戦いになります。

確かに人との戦いですが、それは、ただの敵をつくるということではなく、信頼や敬意を込めた好敵手と戦うのです。仕事では勝たなくてはいけませんが、ライバルとしてふさわしい敵でなければいい仕事とは言えません。

お前も頑張れ、しかし俺も負けないからな、という前向きな戦いが仕事の実力を上げていきます。

仕事をしながら自分は己の実力や労力に見合った待遇を受けていないと不満を持つ人は多いでしょう。

しかし「今、自分がいるところが自分の実力」なのです。

ましてや何も考えず努力もしない人たちまで、知恵を振り絞って仕事をしている人と同等の待遇が欲しいと主張するのはおかしな話です。

仕事でお金を稼ぐということは、自由を手に入れるということなのです。

お金のために仕事に縛られると考えるのではなく、自由を手に入れるために仕事をすると考えると仕事のしんどさが減ります。

仕事そのものが好きであればそれに越したことはありませんが、お金を稼ぐのは人生の選択肢を増やすことができるということなのです。

それは、成熟した大人になるための第一歩です。

働くことは大人の特権なのですから。

仕事を選ぶことは人生を選ぶこと

よく「選ばなければ仕事はいくらでもある」というようなことを若者に言う年長者がいますが、それは間違いです。

よりよい仕事を選ぶ権利が誰にでもあるのです。死ぬまでやりたくもない仕事で身も心もすり減らせと言うのでしょうか。

好きで始めた仕事でさえ苦しいことはたくさんあります。その仕事をあきらめなければいけないことさえあります。

好きなことでさえ耐えなければいけないことだらけなのに、嫌いな仕事で頑張れる人などいません。

仕事の不満は人生の不満と言ってもいいでしょう。

不満というものは、目をそらして背を向け逃げるとどんどん増え、何倍にもなって追いかけてきますが、真っ向から戦えば小さくなるものなのです。

だから、自分の不満を直視して戦うのです。

仕事の不満は、自分に都合よく自然と目の前から消えてくれたりはしません。

「嫌な仕事をしなくてもいいのだ」と僕は断言します。

嫌な仕事をやらないためにも、仕事を選ぶことをあきらめてはいけません。

僕の若い友人に、いわゆるブラック企業に勤めて心身ともにボロボロになって辞めた人がいますが、彼は転職後に成功しています。

ここで通用しないのなら他の何処《どこ》でも駄目なのだという決めつけは自分の居場所と自信をなくすだけです。

ここでは駄目だったけれど、他の場所では成功できたという話はたくさんあるのです。

好きな仕事を見つけるためには、仕事を変えるか、自分を変えるかの二択です。

僕は、大学卒業後、時代小説家の山手樹一郎《やまてきいちろう》先生に師事し小説家を目指しましたが断念しました。その後弁護士を目指しますが司法試験に三度失敗。農林省（現・農林水産省）、雀荘の店員や経営または雀ゴロ、外国航路の船員、ゴルフ場勤務等の職業を転々として30歳を過ぎて今の劇画作家という自分の職業を見つけました。

だから、20代や30代で「俺の可能性は終わった」みたいなことを口にする人に会うと驚いてしまいます。

人は、自虐の甘さに慣れてしまうと本当に終わってしまいます。

自分の人生の可能性を簡単にあきらめるのは、人生なんかこんなもんだと諦念《ていねん》して悟ったふりをして、前に進むことから逃げた、ただの甘えです。

「仕事ができるフリ」をやめると、目的にたどり着ける

「仕事ができる」のではなく、「仕事ができるように見られたい」という感性の人たちは、意外にたくさんいます。実際に幸せであることよりも、人から幸せであると思われたい人などが典型です。

しかし、人のことは騙《だま》せても、自分は自分に嘘はつけません。

明らかな嘘だと分かっていることを己の中で無理矢理に真実と設定しても、それで己の外側に在る現実が変化するわけではないのですから。

そして、実際には自分の実力のなさは他人からすぐに悟られてしまいます。それをごまかそうとして、より一層、仕事ができるフリをしようとします。

ここでいちばんの解決策は、実際に仕事そのもので努力するようにシフトチェンジすることです。答えは、とてもシンプルなことです。

事の本質からずれた見栄《みえ》を捨てると、目的への最短距離を行くことができます。きっと、本人も分かっているはずです。虚ではなく実を取ることの大切さを。実際の自分の実力以上のことを自分の妄想で補っても、何一つ自分を成長させることはできません。むしろ自分を貶《おとし》めていくことなのです。

仕事ができるように見られたい人は、自分の嘘を自覚することが、そして、その嘘は他人から見ればたやすくばれているのだと自覚することが、仕事ができる人になるための第一歩です。

仕事を実際にこなすことは、なぜやらなかったかを説明するより簡単です。

そして、急に一人だけヒーローのように仕事ができるようになるわけではありません。何でもかんでも自分で抱え込んで、結局いろいろなことが中途半端になり本人が潰れてしまうよりも、「上手に人に頼む」「上手に人に甘える」スキルを上げることは、仕事のスキルを上げることと同じくとても重要です。

手段ではなく、プライドだけで高みを目指すことはできないのです。

「人にすごいと思われたい」と無駄な努力をするよりも、「こんな人間になりたい」と努力するほうが絶対に楽しい人生なのです。

人の話を雑に聞かない

仕事ができる人はどんなことをしているのか。答えは一つです。

仕事ができる人は、人を雑に扱いません。そして、人を雑に扱う人の特徴は、人の話を雑に聞いていることです。だから、仕事も雑になる。

僕が長年仕事をしてきて強く感じるのは、人の話を雑に聞く人が、期待を上回る仕事をできたことはないということです。

仕事は相手の望んだことを仕上げるだけでは当たり前、しかしそれではライバルに負けてしまいます。仕事とは相手の期待値を上回ったときにこそ感動が生まれるのです。それが次の仕事に繋がります。

仕事の目的を達成する人の特徴は「客観的」であり、「楽観的」であることです。自分自身の能力を高く見積もることなく低く見積もることもなく客観的に己を直視しています。

だからこそ楽観的になれるのです。

悲観的な人が、仕事の目的を達成するという勝負に勝てると思いますか。

悲観的な態度で仕事に臨む人は、もうそれだけで仕事に対する士気が削がれます。それでは最初から負け戦です。

しかし、何の根拠もなく「大丈夫」を連発する人にも要注意です。技術や能力が劣っているのに大丈夫と言う人との仕事は、ブレーキの壊れた車に同乗していることと同じです。一見頼りがいがあり、その大丈夫だという言葉にすがりたくなりますが、人の発する「大丈夫」に身を委ねて楽を覚えてはいけません。

大丈夫、大丈夫と無責任に言う人と、この人なら大丈夫だと思われる人とは全く違います。

そして、責任者でも、目上の人でも、信じている人でも、その人が「大丈夫」だと言ったとしても、自分があれっ?と違和感を覚えたときは必ず確かめ直すことです。僕の経験から言っても、かなりの確率で、そのあれっ?という直感は正しいものでした。何もなければそれでいい。あの人が大丈夫だと言ったのだからと思考停止しないことです。

仕事ができる人とは、「人を見極めることができる人」のことなのです。

自分の仕事のスキルを快く下に譲る

自分が10年かけて得たスキルを、後輩に譲ることに抵抗があるという相談を受けることが度々あります。しかし、それは間違いです。自分が10年かかったのだから、君も10年かけてスキルを身に付けよ、ではその仕事に進化はありません。

自分が10年かかったことを後輩に1年で教える。そうすると、教えられた者は残りの9年で新しいことに挑戦できます。

それは自分の損ではありません。彼らが得た9年間のアイディアを、新しい世代の彼らから学べばいいのです。

彼らがあなたから学んだようにです。

そこによい循環が生まれます。自分の今までの経験と新しい世代から学ぶことを両輪として前に進むのです。進歩とはそういうことなのです。知識や経験の蓄積は、人に惜しみなく与えることで、自分の進歩に繋がるのです。

例えば、科学はそうやって世代交代を繰り返し進歩してきました。その恩恵は自分に還元されるのです。

そこでケチな考えをおこして、スキルの譲渡を拒み自分だけで抱え込むのは、他人の進歩を阻むだけではなく自分自身の成長の否定です。

これは、僕が長年仕事を続けてきて感じていることなのですが、人の進歩を阻む負の気持ちが自分を高めてくれたことはありません。

「自分がした苦労をしないでいい人に不満を持つ」「自分が損をしてでも他人を有利にさせたくない」というセコい人間の特質が最近はびこり始めているな、と感じます。

しかし、人に与えたものが己の手元に残るものなのです。

上司でも、親でも、友人でも、アドバイスをする者は大勢いますが、そのアドバイスが、思考の指定だったら聞く必要はありません。自分の思考を広げてくれるアドバイスであるときのみ、耳を傾ければいいのです。

自分も、先輩から多くのことを学び奪ってきたではありませんか。

自分が苦労やしんどいことを味わったからといってそれを他人に強いるのは、成熟した大人の態度ではないのです。

できない人がいたら教える、自分ができなかったら教わる。シンプルなことです。快くスキルを譲ってくれた先輩たちがその後、駄目になりましたか？

むしろ、他人を助けることが、より自分の仕事のヒントになることを理解し進化しているのではないでしょうか。頭の中に、自分だけの秘密やノウハウをしまっておくような習慣はやめるべきなのです。

仕事に関してケチになっては、絶対にいけません。

教えることが、いちばんの勉強ということなのです。

仕事は準備が全て

「練習が仕事で、競技は集金」

トッププロの競輪選手の言葉です。これは様々な職業の本質を突く言葉です。「練習は本気、本番は遊び」と言った野球選手もいました。試合の前に勝負はついているのです。いい結果を出すには、長い準備があるのが当たり前なのですが、今の時代は、何事にも結果を急ぎ過ぎていると感じます。即座に結果が出せなければ無能扱いされる社会の行く末は先細りです。

近年、日本人のノーベル賞受賞が続いていますが、受賞者の方々が口にするのは、基礎研究の大切さです。今のノーベル賞ラッシュは過去の貯金で取っているということは、誰もが感じていることです。ノーベル医学・生理学賞受賞者の大隅良典《おおすみよしのり》東工大栄誉教授は、後の会見でこう仰《おっしゃ》っています。

「私は『役に立つ』という言葉がとっても社会をだめにしていると思っています。数年後に事業化できることと同義語になっていることに問題がある。本当に役に立つことは10年後、あるいは100年後かもしれない。社会が将来を見据えて、科学を一つの文化として認めてくれるような社会にならないかなあと強く願っています」

仕事に100パーセントの準備ができることはありません。時には、準備不足で結果を求められることもあるでしょう。

しかし、その件に関しては準備不足であるかもしれませんが、総体的には今までに培ってきた技術が、足りなかった準備を補ってくれるのです。

「技術」とは、心が折れたり辛苦が成功に繋がらないときにでも、ある一定の水準以上の仕事を維持することができるということです。

スランプのときは、技術という力業で乗り切るのです。そのうち心が復活してきます。

それまで持ちこたえる技術を身に付けるのが、プロフェッショナルの仕事なのです。

実力だけで勝てないのが仕事

僕は、よくバーで酒を飲みます。自然とバーテンダーたちとも仲良くなり、友人と呼べる人たちもいます。ひと口にバーテンダーと言っても、店の個性もバーテンダーの個性も様々ですが、両極端な2人のバーテンダーがいます。

1人は、バーテンダーとしての技術が高くカクテルからウイスキーのセレクションまでなるべくいい酒を提供しようと努力しています。美味いカクテルを作るためには原価の高い美味いフルーツを欠かさず用意し、ウイスキーやその他の酒もいい物になればなるほど原価率が高くなりますが頑張って仕入れています。

もう1人のバーテンダーは、カクテルは作りません。作る技術がないという理由もありますが、フルーツという生ものを仕入れるリスクと、それを仕入れる手間が面倒くさいという理由から、ミントさえあれば素人でも作れるモヒートだけを売りにしています。置いである酒もそこそこの物で、不味くはありませんがどこでも飲める酒が大半です。

どう考えても、前者のバーに客が入って儲かると思うでしょう。

しかし、実際は逆なのです。美味い酒を提供しようと頑張り努力している前者のバーのほうが苦戦しています。

彼は、バーテンダーという職業を天職と考えバーテンダーとして成功しようと2号店を手掛けたり、世界でも稀に見る日本独特の繊細なカクテルを知ってもらおうと海外のバーで働いてみたりするのですが、現実は厳しく2号店は閉めることになり、海外のバーでは数カ月でクビになり上手くいきませんでした。彼が頑張れば頑張るほど、元々あった1号店の経営の足を引っ張っています。第三者から見ると迷走しています。

逆に、もう一方のバーテンダーは、自分はその器ではないからと2号店などは考えず、今ある1店舗に集中して利益を上げ、酒が目当てというよりも、そこに集まる客の質を上げ、あそこの店に行くと金持ちや魅力的な異性に出会えるよという雰囲気を前面に押し出し成功しています。

もちろんバーテンダーとしては前者が仲間内では尊敬され、後者は同じバーテンダーと名乗ってほしくないとまで言われているのですが、商売として考えると明らかに腕の落ちるバーテンダーのほうが成功しているのです。

仕事は、頑張っているほうが必ずしも勝つとは限りません。

やり方次第では上手く立ち回ったほうが勝つのです。

どちらのやり方を選ぶのかはその人の個性次第です。

もちろん、できることならバーテンダーとして能力が高く、かつ商売が上手くいくことが理想です。しかし、必ずしもそうはいかないのが仕事の不思議さなのです。

自分の個性を活《い》かせる仕事を選ぶことが、やはり仕事の勝ちに繋がります。

仕事の個性と自分の個性がぴったりと一致したときに、仕事としてはいちばん成功に近くなるのです。

人のペースに合わせない

自分の成果がいちばん出せるときは、自分のペースで仕事ができたときです。

毎日毎日忙しいけれど、マイペースで生きることはとても大事なことです。相手の時間にも合わせなくてはいけないけれど、基本は「マイペース」。マイペースがいちばん人生の質も仕事の質もよくなります。

「自分が興味を持つ領域のものごとを、自分に合ったペースで、自分の好きな方法で追求していくと、知識や技術がきわめて効率よく身につくのだということがわかった」（『走ることについて語るときに僕の語ること』）と村上春樹さんが書かれていて、とても共感したことがあります。

例えば、僕は、40～50歳の頃、大変な量の連載を抱えていました。それを乗り切ったのは、自分のペース配分を崩さなかったからです。

僕にとってのペースとは、「のんびりし過ぎず、急ぎ過ぎず」です。どちらにしても、気がゆるんだり、仕事が雑になったりするので、そのことを心に留めながら大量の仕事をこなしていました。

そして、僕は「仕事は自分の人生でとても大切な要素だけれど、仕事だけが全てではない」という信念を持っていました。

仕事で成功するということは、アウトプットが上手くいったということです。アウトプットのためには、その何倍、何十倍ものインプットが必要なのです。

いざアウトプットをするときに、慌ててインプットを始めても遅いのです。仕事に追いまくられていて、仕事が全ての生活ではインプットはままなりません。

仕事のアイディアは、仕事以外のときに湧いてくるという体験をした人は多いのではないでしょうか。

仕事馬鹿ではいけないのです。

確かに仕事は人生の大事な要素ですが、人生の一部としての仕事が上手くいくことが、他の部分の人生の質を引っ張り上げてくれるのです。

いちばんできたときの成果は、自分の実力ではない

自分のいちばんよかったときの能力を、自分の実力として認識してはいけません。アベレージの能力が自分の能力だと認識するのです。

実力以上のいちばんできたときを、自分の能力だと設定すると日常に躓《つまず》きます。あのとき、あれだけのことができたのだからと仕事の量と質を設定し毎日をこなしていては、今日もあのときに比べてダメだったと喪失感が残ります。

漫画の仕事も同じです。あのときあれだけの集中力と時間で、あれだけのクオリティの作品が描けたのだからという自信から締め切りを落としそうになります。若くて才能のある人は、時としてそれで物凄く優れた作品が描けてしまうことがあります。

しかしその成功体験こそが、その後何十年も先まで自分を苦しめることになるのです。才能があっても、潰れていった漫画家をたくさん見てきました。彼らは、「才能」と

「実力」の見極めができていませんでした。才能さえあればどうにかなるという、甘えがあったのだと思います。

成功体験が自分を高めてくれるのか、苦しめることになるのかは、「才能」と「実力」が、時として同一ではないということをしっかりと自覚することで決まります。

「あのときの自分にできたことができなくなる」という覚悟と、「あのときに自分はあれだけのことができた」という自信。

成熟した大人の仕事とは、この二律背反を受け入れることなのです。

仕事の経験の「量」を「質」に変える

仕事は、毎日毎日が経験の連続です。経験値はどんどん上がっていきますが、それを「質」に変えることができているでしょうか。今、3年前と同じレベルの仕事しかできていないのなら3年後も同じレベルの仕事しかできてはいないでしょう。今までと同じ考えや行動の繰り返しで、自分が成長することは絶対にありません。

小林一三《いちぞう》のよく知られた言葉があります。「下足番を命じられたら、日本一の下足番になってみろ。そうしたら、誰も君を下足番にしておかぬ」

先日テレビを見ていたら、ロンドンの一流ホテルで、清掃員からトップコンシェルジュへと上りつめた男性のドキュメンタリーを放送していました。

共通するのは、たとえ最初に与えられた仕事が自分にとって満足なものではなくても、経験をただの体験の積み重ねで終わらせず、質に変えてステップアップする重要性です。

平凡なことを完璧にやり続けることで仕事に対しての実力が付いたのです。何よりも、人の信用を勝ち取っていったのです。

平凡な仕事は、平凡であるからという理由で後回しにされることがままあります。しかし、究めるべきは、まず、その平凡なことなのです。

体験は誰にでもできます。体験は経験値になります。そして、その経験の量を質へと変えることができなければ、彼らはずっと下足番であり清掃員のままだったでしょう。もちろん、下足番も清掃員も立派な職業です。

しかし、もしあなたが上を目指すのであれば、努力の方向性を見定めなくてはならないのです。

間違った方向へいくら努力しても、経験の量は質へと変わることはありません。

経験の量は質へ、質は行動へというふうに変化していくのです。

心を復活させる特効薬

スランプのときのキーワードは、「人」と「技術」です。

まずは心を復活させなければならない。その心を復活させる特効薬は、「人」に会いに行くことです。

面白い人、刺激的な人、挑発してくれる人。とにかく人。

内にこもり、一人で抱え込み、閉じこもってしまうのがいちばんスランプの治りが悪いのです。

スランプのときは、努力や苦労の方向性が間違っています。努力はすればするほどいいというものではありません。やりようによっては、かえってもっと深いスランプの底なし沼でもがくことになりかねません。

以前、野球選手のダルビッシュ有が、このようなツイートをしていました。

「練習は嘘をつかないって言葉があるけど、頭を使って練習しないと普通に嘘つくよ」と。この言葉には頷《うなず》かされます。頭を使っていない努力は、ただの徒労に終わり、がむしゃらなだけの努力も大抵遠回りです。これは、どの分野にも通じる言葉です。

そしてスランプの間は新しいことに挑戦できない状態なので、今までに培った「技術」が必要になるのです。

勉強に例えるなら、技術は「文法」や「公式」がそれに相当するのです。詰め込み教育の是非について云々されることがありますが、知識を詰め込んで思考の伽藍《がらん》を構築するための土台と支柱がなければ結局は崩壊するしかないのです。基礎は詰め込まなくてはならないのです。

スランプにおいては他人から刺激を得ること、そして回復するまでには、今まで得た経験という技術で乗り切るしかないのです。スランプは、いつ明けるのか分かりません。

歌人の村木道彦は、大学生の頃、当時の前衛的な短歌誌に「緋の椅子」と題された10首で鮮烈なデビューをします。その10首の短歌は、今の時代でも読む者にあざやかな印象を与え輝き続けています。

しかし、その10首を頂点にして次第に若い頃のような短歌が作れなくなってしまい往時の輝きを失っていきます。そして、歌うべき過去は全て歌い尽くしてしまったと、短歌の世界から離れていくのです。そして自分の歌を取り戻すのに20年以上もかかりました。長いスランプです。

歌を詠むことをあきらめて国語教師として忙しく働いているときに、何の前触れもなく、にわかに1首の歌を得るのです。その1首が村木道彦の歌壇への復帰となります。村木道彦は、自分の復帰には俵《たわら》万智《まち》の登場が刺激になったと語っています。

スランプは予測できません。生きている限り避けがたいことなのです。だからこそ、スランプに陥ったときの対処法をあらかじめ持っておくことが大切なのです。

人生に詰《つ》んでしまい苦しいときに、自分を変えなくては、などといつ湧くか分からないモチベーションに頼るのはやめるべきです。人生に詰んでいるときにやる気など湧きません。

どうするか？　仕事を変える、住むところを変える、付き合う人間を変える。

具体的に環境を変えるだけの、感情を排した機械になるのです。

人間の感情の複雑さを一時忘れて、ただ黙々と物事を進めると、行動のあとから感情が追いついてきます。

そのためにあえて「機械」になるのです。

環境が変わるといろいろな人と出会えます。出会う人が変わるということは、悪い循環からの突破口が見えてくる可能性が増えるということです。

もちろん、機械になった自分は、元の豊かな感情を取り戻さなくてはいけません。

そうやって取り戻した人生は、詰んでしまったと悩んでいた自分を笑い話にできるぐらいに強くなっているでしょう。

感情豊かな自分と、機械になる自分。

この二つを使いこなすのです。

自分の師が目指していた、その先を目指せ

僕は、40年以上、漫画に関して教師をしてきました。始めた当初は様々なことを同業者に言われました。

「自分のライバルを増やしてどうする」「皆が成功できるわけではないから、モノにならなかった奴らから恨みを買うぜ」など、あらゆることを言われましたが、生徒たちは僕に非常にいい影響を与えてくれました。

確かに、忠告通り、ライバルも増えました。恨みも買っているでしょう。しかし、それが一体何だというのでしょうか。弟子が活躍する姿を見て、自分も書き続けなくてはと今でも刺激を受けています。

教えることがいちばんの勉強になったのです。

日本人なら誰でも名を知っている漫画家やクリエーターが数多く巣立っていき、今でも

どんどん活躍しています。

先日、弟子の一人のゲーム会社を訪ねたら、大きな自社ビルを建てて世界中に社員が5000人いると言っていました。

また、ある弟子は、僕の学校に入ったときからずば抜けた才能を持っていましたが、40年経った今でも第一線で活躍し続け全世界で2億冊の本が売れています。

成功した彼らに共通しているのは、僕の教えを受けたけれども、それは通過点に過ぎないことを自覚していたということです。

小池一夫程度では終わらないぜという確固たる自信を持っていました。

それは僕にとって侮辱でも何でもありません。むしろ、そうあるべきなのです。バーナード・ショーの言葉を借りれば、僕は教師ではなく、道を尋ねられた同行者に過ぎないということです。

師を超えることが、生徒の最大の課題なのです。

自分が尊敬し影響を受けた人がいても、その人を目指してはいけません。その人自身が何を目指し、何に影響を受け、何を見ていたのかを知るのです。そうでなければ、その人を超えることはできません。「師が目指していた、その先を目指せ」ということなのです。

がむしゃらで格好悪い人に、運は舞い込む

成功者にとって運は偶然ではありません。運を呼び込んでいるのです。そして、その運は1回きりではありません。運を持っている間に、また次の運を導く術《すべ》を持っているのです。その連鎖が、より一層自分を高みに導いてくれるのです。

日々の生活は、無数の意思決定に満ちています。それらは「運」ではありません。しかし、自分にできる限りの正しい意思決定の蓄積が運なのです。運とは能動的なものであり、受動的なものではないのです。

そして、運とは決して自分がネガティブなときに訪れたりはしません。

自分に才能がある、と作家が言ったら、その人には才能があるのです。女性が私は綺麗《きれい》だと思えば、その人は美しいのです。

自信を失ってうなだれた者の頭上を運は通り過ぎていきます。

謙虚なことは人としての美質ですが、謙虚過ぎる人には運は訪れません。

誰だって格好よく生きたいですが、格好ばかりに気を取られていると運は通り過ぎます。

人生において「恥ずかし気もなくよくそんなことやるなぁ」と言った人よりも、言われた人のほうが運を摑むものなのです。

何かを成し遂げようとしてがむしゃらなときは、格好悪いものなのです。

格好つけるのは、運を摑んで成功してからで十分です。

その格好悪さを受け入れられない者は、運を逃してしまいます。

特に若い人は、自信過剰で格好悪くてもいいのです。年を重ねると、いやでも自分の分《ぶん》を知ることになるのですから。

そして、僕が強く言いたいのは運を引き寄せるのは、最終的には人柄だということです。

人柄の悪い人にたまたま運が転がり込んできても、その人柄の悪さで運は去っていきます。

運は、気まぐれなように思えるときもありますが、運を繋ぎとめるには人を惹きつける人柄が重要なのです。

金を稼ぐことは人生の選択肢を増やす

「経済的な自立」は「精神的な自立」の第一歩です。

子どもは与えられて成長し、大人は自分が稼ぐことで成長します。仕事で稼ぐということは大人の特権です。お金を稼ぐということは、生き方の選択肢を増やしてくれます。

例えば、医師の資格を取った人は、医師になって稼ぐ自由も、医師にならない自由も手に入れます。

僕の知り合いに、どうしてもミュージシャンになりたかったのですが、親に反対され医師免許を取ったら好きなようにしていいと言われ、実際に医師免許を持っていながらも医師にはならず、プロのミュージシャンとしてサックスを吹いている人がいます。

お金を稼ぐために仕事に縛られていると考えるのは当然ですが、その一方で、お金を稼いで自由を手に入れるのが仕事だと考えると、仕事に対する考え方が変わってきます。

豪邸に住もうが四畳半に住もうが、心が豊かであればどちらでも構いませんが、その選択肢は、収入によって広がるのです。

お金の話にこだわり過ぎるのはみっともないですが、お金を稼ぐことに努力をしない人は、もっとみっともないのです。

自分一人ならどうにかなっても、大事な人を守るためにはお金を稼ぐ必要があります。お金を稼いで自由を手に入れて、人生の選択肢を増やすということは成熟した大人の特権ですが、その手段を勝ち得るためには、できるだけ早い段階での気づきが必要です。持って生まれた才能や環境に恵まれた人に追いつくためには、大変な努力が必要です。だからこそ、早い段階での気づきが必要となるのです。

そして、その気づきで得たものを「教養」と呼ぶのです。

仕事の下僕にならない

この原稿を書いているとき、東大卒で電通に入社したエリートの若い女性が過労で自殺するという事件が起こりました。その自殺に至る経緯なども公表され世間では大きな注目を集めました。一人娘を亡くされた母親は、「命より大切な仕事はありません」と強く仰っていました。

その通りです。過労は日本中に蔓延《まんえん》しています。電通社員の事件は氷山の一角です。

僕も若い頃は十数本の連載を抱え、徹夜で仕事をすることも頻繁にありましたが、大好きなゴルフを10日に一度はプレイするという逃げ場をつくっていました。10日に一度もゴルフができなくなったら仕事の量をセーブするというルールをつくっていたのです。

特に仕事のリズムやペースを摑めていない若い人に言いたいのは、「逃げ場」をつくっておかないと人生は本当に苦しいということです。

既に苦しくなったときには逃げ場をつくる気力も体力もありません。

人生がしんどいときに、「逃げ込める何か」を持っているということはとても大事なことです。それは、人でも、趣味でも、思い出でも、何でもいいのです。

「誰にも奪われない何か」。一時、現実のしんどさから逃れられる避難所が人生には必要なのです。

だから、順調なときから逃げ場をつくっておくのです。キツい場所から動けなくなって、石になってしまう前にです。

僕には、仕事が忙し過ぎて気持ちが落ち込んだときの対処法があります。

仕事の悩みや忙しさで気持ちが晴れない原因のことを「この3時間だけは考えない」というふうに、時間を区切って強制的に思考を停止するのです。

昼寝をしてもいいし、映画を見てもいいし、何をしてもいいのですが、とにかくそのことについてだらだらと考えるのをやめるのです。これは、とても効果的でした。

毎日毎日、アクセルを踏みっぱなしで生きていけるわけがありません。体調や心の状態をみながらシフトダウンしたり、ブレーキをかけたりするのです。

しかし、他の人に後れを取ってしまうというような心配はいりません。猛スピードで自分を追い越していった車が同じ信号で止まっていたり、到着時間にさほど差がなかったりするものです。

自分のスピードで走り続けることが、結局はいちばん確実に仕事をこなしていけるのです。

キャパを超えて頑張るよりも、自分のキャパの中のフルパワーで頑張るほうがよいのです。そのために、自分の限界を知ることが必要なのです。

今の社会では、自分は仕事の下僕ではないと、しっかり心に留めていないと簡単に仕事の下僕になってしまうのです。

激務に追われ、好きなこと、やりたいことも何一つできず、心身ともに消耗しきるほどに頑張って残った心の拠りどころが、思い返すと仕事でしかなかったという悲劇だけは避けなくてはいけません。

人は働くために生きているのではありません。生きるために働くのです。

どんな職種であれ、自分の仕事をネガティブに捉えている人は、幸福になれないだろうと思います。

第3章　自分との付き合い方について

自分を大切にする人は、人も大切にできる

「自分が自分を雑に扱わない」、これが僕の自分との付き合い方のルールです。

自分が自分を丁寧に扱うということは、大きな自信になります。

たとえ人が自分を雑にあしらうことがあっても、自分は自分を大切にしているという信念で己を守ることができるのです。

心が荒むと、他人に対しても自分に対しても雑になります。

心の荒んだ者は、何をやっても上手くいかず苛立っています。その苛立ちは人相や立ち居振る舞いに表れ、人はますます離れていくのです。そして、そのことにますます苛立ち、人にも自分にもより雑になっていくのです。

だから絶対に心を荒ませてはいけないのです。

一度荒みきった心は、よほどのことがないと優しく温かい心には戻れません。

さらには心が荒みそうになったときに立ち直れるかどうかで、人生の質が変わります。

一度自分を雑に扱い始めたら、自分を丁寧に扱えるように戻るには、自分を雑に扱ったそれ以上の時間がかかるのです。

自分が自分を丁寧に扱っていると、この人は丁寧に扱うべき価値のある人なのだなと、自然に相手に伝わります。私は大切にされるだけの価値のある人間だとアピールできるのです。

そして、自分を大切にしているこの人は、きっと他人も大切にする人だろうと感じます。だから、自分を大切にすることは、人に大切にされることに繋がり、これだけで人間関係は随分スムーズになります。

自分の評価を他人に任せない

「自分の評価は自分でする」

これは僕の人生の鉄則です。自分の評価を自分でしないで人の評価に頼るから人に嫌われるのが怖くなるのです。

もちろん、人の意見を聞くことは大事ですが、そのことによって自分を評価してはいけません。中には真摯《しんし》に自分のためになることを言ってくれる人もいるでしょうが、自分の都合のいい人間に変わってもらいたいという人も多くいるでしょう。その見極めはとても大事です。

他人に気に入られる自分より、自分が好きな自分になることは、生きる喜びの大きな要素です。それは、精神的に逞しく生きるということです。

そして、誰にどう評価されようが、自分の軸を持っていなければなりません。その軸がブレなければ、他人からの評価に動揺することはありません。

人は、やじろべえみたいなもので、人から聞いた自分の評価で、心の闇のほうと明るいほうを行ったり来たりするものです。今は、闇のほうに振れていても、明日は明るいほうへ振れているかもしれない。

ただし、軸はブレないこと。

軸さえしっかりしていれば、暗いほうへ振れたとしても、次は明るいほうへとバランスが取れます。

誰に嫌われても自分は自分だ、という強い心を持っていなければ、他人の評価によって自分の軸はブレてしまいます。

自らの価値観で自分を評価しないということは、他人の価値観で生きるということです。

それでは、己の人生の否定です。

自分の価値は自分で決める、このことを忘れてはいけません。

他人のための人生じゃない、自分のための人生なのですから。

自分の不安を誰かに解消してもらおうとしない

自分の心の拠りどころは、最終的には自分自身です。

他人を人生の拠りどころにすることはとても危険なことです。

他人は自分を助けてくれますが、最終的に自分を助けるのは自分だけです。他人を心の拠りどころにしているのは、依存の一種です。

自分の不安の解決を他人に任せるのは、相手に過剰な期待をするということです。

任されたほうはできることなら相手の期待に応えてあげたいけれど、人生は人の期待に応えるためだけにあるわけではありません。

だから、いつも人に不安の解消を委ねる人には、気をつけなくてはいけません。

そういう人は、人に頼っていながら自分の思い通りにならないと、勝手に期待して、勝手に失望して、勝手に嫌いになって去っていくのです。いや、むしろ去ってくれるのならいいのですが、自分勝手に恨んでいる人さえいます。

自分の不安は人の手を借りて助けてもらうこともある。しかし、自分を助けるのは自分自身の意思の力でしかないのです。

もし頼った人が不安を解消することができなくても、心と時間を私のために使ってくれてありがとうと感謝できる人が、人に頼る資格のある人なのです。

自分が解決し得た答えは、誰にも奪われません。

そして、人に頼ることはとても癖になりやすいものです。

それが習慣になってしまっている人は少なからずいますが、いつも誰かに問題の解決をしてもらっていると問題を起こしやすい人間になってしまいます。

問題を起こしても、いつも他人に尻拭いしてもらえるという甘い考えを持つようになるからです。

時には人の力を借りて問題を解決することは必要です。独力では無理なときも、他人の力が加わることで解決する場合はたくさんあります。

しかし、自分は問題を解決してあげる人、される人とその役割を決めてしまってはいけません。お互いさまと思えるぐらいが、ちょうどいい他人への依存度ではないでしょうか。

嫌がらせと幸せがらせ

人に幸せがらせをする人と、嫌がらせをする人。世の中には、この2種類の人たちがいます。

幸せがらせという言葉は僕の思いつきなのですが、とても気に入っています。

人に嫌がらせするよりも人に幸せがらせしたほうが、確実に自分も幸せになれます。しかし、嫌がらせに喜びを感じる人がいるのも確かです。

人に嫌がらせしている人は、自分自身に嫌がらせしていることに気がついているのでしょうか。自分の心や感性はやせ細っていく一方です。

僕は、自分のためにも人に幸せがらせをしようと思っています。

生まれ持った性質や、それぞれの生い立ちや置かれている環境などいろいろと違いはあるのでしょうが、嫌がらせをする人には共通点があります。それは、今、自分が不幸であるということです。

今、自分が幸せなら人に嫌がらせをせず、人にも優しくなれるはずです。

だから人に嫌がらせをされたら、ああ、この人は今とても不幸せな人なのだなあと憐れんであげればいいのです。その程度の反応でよいのです。

嫌がらせの情熱をどうか他のことに向けてほしいと思います。

苦労したことの元を取る

長い人生の中では、誰にも「失われた時間」があります。

心の病のために数年間を無駄にした、ブラックな職場に勤めたせいで自分の時間を浪費した、つまらない結婚生活で身も心もぼろぼろになり疲弊した。

僕のやっているツイッターにも、人生における失われた時間を嘆く意見が数多く寄せられますが、この結論は、「あきらめるしかない」です。そして、「変わるしかない」のです。

苦労はしないほうが幸せですが、起きてしまったのだからあきらめるしかないのです。

そのあきらめ方の方法は一つしかありません。

失われた時間を生きていたときよりも軽やかに、したたかに生きて幸せになることです。

それが失われた時間に対する復讐《ふくしゅう》です。

そして、苦労したことの元を取るのです。

苦労を報われない苦労のままで終わらせるのではなく、失われた時間を自分に必要だった時間に昇華させるのです。

大切なことは、同じ失われた時間を繰り返さないことです。一度目は誰にでもある失敗です。二度目のうかつな失敗もあるでしょう。しかし三度目は、もう自分の意思で起こしたことなのです。

過去を忘れた者は、過去を忘れた罰として悪い過去を繰り返すのです。

失われた時間を繰り返してはいけません。

神学者ラインホールド・ニーバーの有名な祈りの言葉があります。

「神よ、変えることのできるものについて、
それを変えるだけの勇気をわれらに与えたまえ。
変えることのできないものについては、それを受けいれるだけの冷静さを与えたまえ。
そして、変えることのできるものと、変えることのできないものとを、識別する知恵を与えたまえ」

人生における失われた時間をより少なくして、自分自身の時間を生きるためには、変わるべきことと、変わらずにいるべきところを見極めることなのです。

人の言いなりになることが変われた自分ではありません。例えば、自分の気に入らない人に出会ったとき、その人に自分の思うような人に変わってほしいと願ったとしましょう。しかし、それを我が身だと考えたらどうですか？

人の言いなりに変わる自分になど、なりたくないと思うでしょう。

僕が、この人のアドバイスなら自分が変わるべきだなと思う基準があります。

それは優し過ぎない人であり、厳し過ぎない人です。

「優しい人は信じる。優し過ぎる人は信じない。本当に優しい人は、ちゃんと厳しい。厳しい人は信じる。厳し過ぎる人は信じない。本当に厳しい人は、ちゃんと優しい」

この思いが、僕の人を受け入れるときの基準です。

そもそも、他人の人生に強い拘《こだわ》りや執着を持っている人は、自分の思い通りの他人を求めているだけなのだということを知っておかなければなりません。

弱い者ほど相手を許すことができない

先日、電車に乗っていたときに目撃したのですが、抱っこされた赤ちゃんの足がスーツ姿の男性にあたりました。よくある出来事です。そうしたら、その男性はすごい形相《ぎょうそう》で母親を睨《にら》み付けたのです。

そして、そのことをツイートしたら、靴を脱がせない母親が悪いという多数のリプライが来ました。

自分である程度行動したり判断したりできる幼児ならまだしも、小さな赤ちゃんの足があたったぐらい何だというのでしょう。それが、母親を責めるようなことでしょうか。少しだけでも、幼子《おさなご》を育てるお母さんの気持ちを想像し寄り添うことはできないのでしょうか。

歩き始めの子どもは、自分の意志で行動を制御できるものではありません。抱っこをせがむときもあれば、下に降りて歩きたいときもあり、いやベビーカーに乗りたいのだと言い出すことがあっても当然のことです。そのたびごとに、混んだ電車内で靴を履かせたり脱がせたりという行為は、母親にとって現実的なことではありません。

仮にそれほど気に入らないのであれば、睨み付けるよりも、「靴があたりましたよ、気をつけてくださいね」の一言で許せばよいではありませんか。

日本では「人に迷惑をかけたらいけません」と教えますが、インドでは子どもに「あなたは人に迷惑をかけて生きているのだから人のことも許してやりなさい」と教えるという話を聞いたことがあります。

僕は、日本式よりインド式のほうがいいなと思います。

どんな人間でも、どんな国でも、他人や他国に迷惑をかけながら存在しているものなのです。

一人で生きているつもりの人は、一人で生きているのではなく、ただ孤独なだけです。

生きていくことは、「お互いさま」の連続です。

その赤ちゃんの足があたった男性は、自分の鞄《かばん》が誰かにあたったり、他人の足を踏んづけたりしてしまうことはないのでしょうか。自分の取った態度は、自分に返ってきても仕方がないということです。些細なことで自分が睨み付けられたり罵声《ばせい》を浴びせられたりしてもよいと己が承認することに等しいのです。

小さなことを許せないのは自分の弱さです。

強く逞しい精神の持ち主が、その程度のことで感情を露《あらわ》にすることは決してありません。

僕が、電車内での出来事や母親を責めるリプライを返した人たちに感じたのは、この人たちは普段弱い立場の人間なのだろうな、弱いからこそより弱い立場の者の瑕疵《かし》が許せないのだろうなということです。

弱い人がより弱い人を傷つけているのです。

ギスギスした感情を表に出す人たちに足りないのは、精神の強さです。

精神の強い人には、安定した感情が根底にあります。

僕は、精神の安定した人を尊敬しますし、そういう人になれるようになりたいと僕自身思います。

今までの僕の人生で得た大きな教訓の一つは、「弱い者は小さなことですぐに怒る」です。

1人の人と深く付き合う

人生の上を、深く浅く、たくさんの人々が通り過ぎていきます。浅いからダメということもなく、深いからいいということもありません。ただ、この人は絶対に大事な人だというときは、ためらいなく繋ぎとめるのです。人間関係は、自然にしているとサラサラと流れていってしまいます。運命の人でさえそうなのです。

1人の人間とじっくり付き合ってみる。

この大切さを最近おろそかにする傾向が強いと感じます。人それぞれの価値観はあるでしょうが、1人の人と深く付き合ってみないと人を理解する楽しさ、豊かさが分からないのです。

100人の知り合いよりも1人の友人です。

正直に言ってしまえば人と関わることは面倒くさいことが多いのですが、それ以上に得るものは多いのです。

付き合う人は、そのときの自分によって変わります。自分の成長に合わせて洋服を買い替えていくように、付き合う人も変わるのです。

そして身に着ける洋服をじっくりと選んで買わなければ、すぐに捨ててしまうゴミになるように、付き合う人もじっくりと選ばなければ、ファストファッション店で安物を何着も買い、すぐに着なくなるような人間関係しか築けません。

お気に入りのとっておきのコートをずっと大切に着るように、とっておきの人が人生には必要なのです。

深く長く付き合い続ける人と、浅く付き合う人。その人との相性はありますが、ひとりの人と深く付き合う醍醐味を知らなければ、人生の大きな楽しみを知らないことになります。

深く付き合うとは、ベタベタといつもくっついていなければならないということではありません。重た過ぎず軽過ぎず、時には距離や時間を取り、時にはじっくりと話に花が咲き、語り尽くしたあとは沈黙でそれぞれの思いにふける、そういうふうに人付き合いは深まっていくのです。

「まあ、いいか」と上手にあきらめる

妬《ねた》み、そねみ、やっかみ、世間ではそんな感情が溢れかえっています。

しかし「人と比べない」、この一点で人生は随分と変わります。

「自分にないものを求めない」というあきらめが大事なのです。

自分は、生まれ持った自分に与えられたカードを上手く使って勝負するしかありません。

自分に与えられなかったものは確かに魅力的ですが、人は人、自分は自分。

そして、あきらめるときは、上手にあきらめるのです。

上手にあきらめられなかったことは負の感情になります。では上手にあきらめるとは、どういうことなのでしょうか。

それは何かをあきらめたけれど、「今」の自分が幸せであるということです。

あきらめたことは、確かに心の傷にはなるけれども「まあ、いいか。今が幸せなのだか

ら」と思えることが、上手くあきらめられたということなのです。

あの人が羨ましいと素直に言えなかった感情は、どす黒い感情に変わります。ああ、自分もあんなふうになれたらいいなあと素直に思えたら、人を妬まない人間に近づけているというい いサインです。

憎しみの感情も同じです。人は憎しみの感情を持ちますが、憎しみを持つことそのこと自体が、その憎い人物のコントロール下にあるということなのです。

なぜ、憎むまで人を嫌いになるのか。それは、自分が我慢をしているからです。最初はこの人嫌いだな、くらいだった感情が、どんどん憎しみにまで肥大化してしまったのです。

では、どうするか。

小さな我慢を笑顔で少しずつ我慢していたら、いつか溢れだします。大きな怒りを伴って。そうなる前に、小さな怒りはきちんと爆発させておくのです。

嫌いが憎しみに変わるまで我慢してはいけません。

戦えない自分が、戦う人を笑うな

僕は人の本気を笑う者が許せません。

中島みゆきさんの『ファイト』という曲の「闘う君の唄を　闘わない奴らが笑うだろう」という歌詞を聴くたびにグッとくるものがあります。

誰もが皆、賞賛してくれる戦いはありません。しかし、その戦いが何であれ、戦う勇気のない者は、せめて戦う者を笑うなと言いたいのです。

この原稿を書いているときに、平昌《ピョンチャン》オリンピックがありました。羽生結弦《はにゅうゆづる》選手や、カーリング女子の選手たち、高梨沙羅《たかなしさら》選手など、人気のあるスター選手を詳しく調べてみようとネットで検索すると、「嫌い」と勝手に予測変換候補が出てきて驚きました。

それほどまでに頑張った選手たちでさえ、検索されているのは「嫌い」なのです。そこでそのワードを検索すると、自分もそれに投票したことになるのでそのワードを検索しませんでした。

また試しに人気のある有名人を検索したら、必ずと言ってよいほどネガティブな検索ワードが表示されるのです。

羽生結弦選手でさえ嫌いな人が一定数いるのですから、自分のことを嫌いな人を気にするだけ無駄なのです。

世の中には、人に好かれる人が嫌い、頑張っている人が嫌い、成功した人が嫌いという人もいるのです。82歳のパソコン初心者にさえ分かることなので、若い人はもっと理解していることでしょう。それでも、「嫌い」を検索する人は大勢いるという事実が僕は受け入れ難いのです。

何を検索しようが自分の勝手です。当たり前のことです。有名人でなくても誰にでも光と影はあります。しかし、影に引っ張られる人々がこんなにも多いのかと驚いたのです。

祭りを楽しめぬ自分でもいいのです、祭りを楽しんでいる人を否定しなければ。

あまりにも有名な言葉ですが、ニーチェはこう言いました。

「怪物と戦う者は、己が怪物にならないように、注意を払うべきである」

「深淵《しんえん》を長く見つめていると、深淵があなたを見つめ返す」

今の時代の「怪物」とは、「深淵」とは、インターネット社会の一側面のことであると僕は断言できます。

また、賢い人はその怪物や深淵にやられることなく自分で制御しています。

僕が愛読している雑誌は、東京に代表される大都市で仕事をするのではなく、パソコンと知性と順応性があれば世界中のどこに住んでも気持ちのいい生活ができるという人たちを発信しています。

地方の片田舎で、幼い子どもを育てながら、専門的な翻訳の仕事をし、農作業をこなすなど、田舎に都会の風をもってきながら、地域の人たちと親交を深めている人々の記事が載っています。今はパソコンさえあれば、世界のどこにいてもできる仕事があるのです。

もちろん、実績があってのことですが。

同じネット社会でも、いいように使える人もいれば、その闇にのみ込まれている人もいるのです。

同じ道具を与えられても、これほどの差が出てくるのは、人の性質や性格によって当たり前かもしれません。

しかし、その闇にのみ込まれそうになったときに踏みとどまれるかどうかが、人生の質を分けるのです。

今日も、ネットで知り合った女子高生が男たちに監禁された事件が起こっていました。似たような話は、連日報道されます。

誠実に生きているよりも、闇にのみ込まれた人たちの声が大きく聞こえるのがネット社会だと思っています。その大半は、頑張って戦っている人たちを、自分のレベルまで引き下ろしたいという歪《ゆが》んだ心の人たちです。

なぜなら、頑張っている人のレベルに近づこうと努力するよりも、頑張っている人を引きずり下ろそうとするほうが簡単だからです。

僕は、いわゆるエゴサーチというものをしません。

いいことも悪いことも書いてあるでしょうが、もしそんなものを見てしまえば、少しでも他人にダメージを与えようとする者の思う壺《つぼ》だからです。

あなたを大切にしない人を、あなたが大切にする必要はない

「あなたに敬意を払わない人に、あなたが敬意を払う必要はない。あなたのことが嫌いな人を、あなたが好きになる必要もない。あなたを大切にしない人を、あなたが大切にする必要はない」

これが僕の、偽らざる実感です。しかし、これを逆に相手から考えてみると、また違った見え方をしてきます。

自分がその人に敬意を払っていないから、相手もあなたに敬意を払わない。自分がその人のことを嫌いだから相手もあなたを嫌う。あなたが相手を大切にしないから相手もあなたを大切にしないというふうに。

まずは自分から。

そして、それでもダメだったら、もうそれでいいと思います。人間には理由のない、相

性の悪さというものがあります。

若い頃は、ふりをする人間が嫌いでした。優しいふり、賢いふり、強いふり。ニセモノだと思っていました。自分を棚に上げてそう思っていたのです。

今は違います。その人たちは、優しくあろうと賢くあろうと強くあろうと、一瞬一瞬努力している人たちだったのだと思えます。

人のふりを受け入れるときが、自分のふりも許せるときなのです。

僕の時代は、友人たちが大体同じ時代に子どもをつくり育てていました。彼らが同じことを同じ時代に言い始めた言葉に驚いたことがあります。

「子どもに、ああしろこうしろと一人前の親として言っている自分に驚く、自分だって大した人間ではないのに、未熟な自分がいっぱしの大人のふりをして」と。

子どもの頃は、親の言うことはすべて正しく、従うものだと思っていました。親は、間違いを犯さない神のような存在だと思っていました。

その親が、ただの人間だと分かり始める頃が、反抗期なのだと大人になって分かります。よくも今まで自分を騙してきたなと分かるのが思春期なのです。

先日、知り合いのパーティで、とても可愛らしい2歳の女の子に抱っこをせがまれました。小さな両手をバンザイして、抱っこをせがむのです。僕は、久しぶりに小さな女の子を抱き上げました。持ち重りするような、軽過ぎるような不思議な感触でした。

そして、この女の子は、とても大事に育てられているのだと分かりました。

仮に虐待されているようなことがあれば、見知らぬ年寄りに抱っこをせがむことはないだろうなと、小さな温もりをいとおしく思いました。

「おひげ」と僕の髭《ひげ》を触り、「お手々大きいねえ」と言って僕の手を触ってきました。

友人が里親になろうとして、とても強く言われたことがあります。それは、子どもの試し行動に本気になってはいけないということだそうです。施設などに預けられていた子どもは、基本的に大人を信用していないので、本当に自分を受け入れてくれるのだろうかと、わざとわがままを言ったり反発してみせる行動のことだそうです。しかしそれは、大人にさえよくある行動パターンです。

僕が対人関係で嫌いなのは、「人を試す人」です。愛が足りていない人は、人を試します。人を信用していない人は、人を試します。

自分が人を試すことを考えたときは、自分が悪いほうを向いているなあと自戒するという基準を持っています。

人格の狭さは、己の世界の狭さ

ツイッターをやっていると、他人を見下したり攻撃的なツイートをしたりする人をよく見かけます。どういう人なのだろうと思い、その人たちのツイッターを観察してみると、そっくりの共通点があります。

それは、生きている自分の世界が驚くほど狭いことです。仕事をしているのかしていないのかも分からず、どこかに出かけたと言ってもせいぜい家の近所、どこそこのラーメンが旨《うま》かった、アニメの何々が面白かった、そして人の悪口。これが典型です。

狭い世界での知見なので、自分と同じ意見でなくては気に入らない→意見の違う人は攻撃対象だとみなす→礼節を持たない→人に相手にされなくて、より攻撃的になり世界がより狭くなる、の悪循環です。

世界は広く豊かで美しいのだということにさえ気づいていないのです。

僕が作品を書いているときにも、同じような感想を持ったことが何度もあります。

自分の世界が小さく狭い人ほど、創作の世界を疑うのです。時代劇を書いていると、歴史に少し詳しい人に限って「そんなことはあり得ない」と疑いますが、歴史通の人は「もしかして、そんなことがあったら楽しいだろうな」と作品を楽しめるのです。

自分の世界を広げて、その世界を楽しめばいいのです。

自分の世界が広いということは、生きていく上でも大きなメリットがあります。

日常生活のちょっとしたことから大きなことまで、何かに行き詰まったときに逃げ込める場所が何カ所もあるということです。自分の世界が狭いと、一つ駄目なら全て駄目ということになりかねません。

世界が広いということは、知り合いや友人も多くなり、頼れる人たちも増えるということです。

もちろん、誰かを助けることも増えますが、人を励ますことは自分を励ますことなのです。

残念ながら、世界を広げようとしない人は、己の世界が狭いことの自覚がないのです。

自分の役割を決めない

自分の役割を決めつけて、がんじがらめになって苦しい人は多いと感じます。

自分の役割を決めつけるということは、常に自分は「であらねばならない」と決めつけることに繋がりかねません。

例えば、古い価値観だと、母であるということは、子どもの世話をし家事をこなし夫に尽くす。父ならば、仕事で出世し家に金を入れ子どもを大学に入れるというふうな、ステレオタイプな決めつけです。

もちろん、今でもそういうことが常識的に求められる側面はありますが、役割を決めつけず、できることからやろうねという「協力」のほうに重点を置くべきなのです。

あるときは助ける人だけど、あるときは助けられる人。あるときは教える人でも、あるときは学ぶ人。あるときは厳しい人だけど、あるときは甘えたい人。

そんなふうに、自分の役割はもっと自由でいいのです。

苦手なことまでやる人を「一生懸命」と褒める人は多いですが、得意な人に任せれば、本人は楽だし時間短縮になるし結果は出るしでいいことずくめです。

苦手な人が同じことをすると苦痛だし時間がかかるし、大した結果も出ない確率のほうが高いのです。

役割を決めつけないふうに世の中が回ればいいなと常々思います。

機嫌よくいる

機嫌よくしていられるというのが大人の条件です。

例えば、10人の人がいて1人でも機嫌の悪い人がいると、あとの9人も嫌な気持ちになります。

「機嫌の悪い人」は破壊力があるのです。

第一、機嫌がいいほうが自分だって気分がいい。機嫌よくいることは人のためにも、自分のためにも大事なことです。

「不機嫌は無言の暴力」なのです。自分の機嫌は自分でとるのが大人の作法なのです。

不機嫌さをもって他者をコントロールすることを悪い方向に学習している人は、決して少なくありません。どんなに年をとっても、不機嫌さで他者をコントロールしようとするのは、幼稚な人格なのです。

機嫌よくいられるということは、リラックスしているということです。

僕は、人生の極意は、「リラックスした人生」を、いかに過ごせるかだと思います。戦わねばならないことも、怒りの声を上げなければいけないことも多々あるけれど、基本姿勢はリラックスして気持ちに余裕があること。深刻になり過ぎないこと。これはとても大事なことです。余裕があれば多少の困難など、どうにかなるのが人生ってもんよっ！と乗り切ることができるのです。

機嫌のよさは余裕へと繋がり、余裕は機嫌のよさに繋がります。

いろいろな人たちと交流を重ねてきて、大人が機嫌よくいることで気がついたことがあります。

精神が安定し、穏やかで人付き合いが円満な人たちに共通するのは、両親が子どもの前で夫婦喧嘩をしていないということです。父親が母親を責めても、母親が父親を責めても、自分はどちらからも血を受け継いだ人間なのだから、夫婦喧嘩は子どもである自分を否定されているのと一緒なのです。

人の喧嘩する姿自体がトラウマになります。笑って生きる大人の姿を、子どもをはじめ周りの人たちに示すことは大人の嗜《たしな》みです。

人生の悪いときに決断をしない

人の一生は決断の連続です。毎日は小さな決断の繰り返しですし、人生の転機を迎えるような大きな決断に迫られるときもあります。

小さな決断は、何かがあったとしてもリカバーできますが、大きな決断で間違えてしまうと、一生の悔いが残ります。

窮地に陥っている人間のアドバイスを信用してはいけませんが、それは自分が自分にアドバイスするときも同じことが言えるのです。

僕自身もそうでした。何度もそれで失敗しています。何とかその窮地を脱したあとに、同じ人間である僕がなぜそんな誤った決断をしたのかと、自分自身を問い質《ただ》したいぐらいです。

しかし、人間追い詰められているときは、いちばん安易で楽な道を選びやすいものです。

それが余計に事態をややこしくするだろうなと、後悔するのが分かっていながらも、愚かにもそれを選んでしまうのです。

では、どうすればよかったのかというと、信頼できる人に正直に自分の窮状を訴え、他力に頼るべきだったのです。

余裕のある人の判断は、やはり正しくアドバイスをしてくれます。

例えば、人生の悪いときにする最悪の判断は自死です。確かに死んだほうが楽だろうなという気持ちも分かります。やまない雨はないとは考えられなくて、今降っている雨が死に至るほど耐え難いのです。

今、何処の戦争で年間約3万人が死んでいるというのでしょうか。

それは日本です。

武器を使わない、自死という魂の戦争です。

しかし、24時間365日ずっと死にたいと思い続ける人はいません。その人生の悪いときには絶対に決断しないでやり過ごすという習慣を徹底的に自分に叩き込んでおけば、自死は減ると思います。理由が何であれです。

例えば、今の時代、大きなことか小さなことか判断が分かれるところですが、刺青《いれずみ》を入れる人が増えています。

以前、六本木の本屋で並んで会計を待っていたとき、目の前に、首の回りを派手なネックレスのデザインの刺青でぐるりと囲んだ女性が立っていました。年のころは、二十歳前後でしょうか。

デザインも技術も非常に稚拙で、その女性の行く末を考えるととても悲しい気持ちになりました。そのまま目立つところに刺青を入れ続ける人生でも、取り除こうと手術を受けなくてはいけない人生を考えてもです。若気の至りでは済みません。

オリンピックや、W杯を見ていていつも気になるのは、刺青をしている海外の選手がたくさんいることです。間違っても、影響されて安易に刺青を入れるべきではありません。海外セレブなどもそうですが、あなたは、海外セレブでも、オリンピック選手でもありません。ただの日本の一般人です。

そして、日本では刺青は認知されていません。

本人にどれだけの思い入れがあろうとなかろうと、他人から見れば「刺青を入れた人」の一括りです。残念ながら、他人はそこまで刺青を入れた人に優しくはないのが日本人の普通の感覚だと思います。温泉でもプールでも、夏の海岸でも「刺青お断り」というインフォメーションが必ずあります。

刺青を入れて日本で日常を暮らすのは、つらいことのほうが多いのは事実です。大きなことから小さなことまで、自分の感情が負のときに決断決行をしてはいけないのです。

そして、もう一つ陥りやすい罠があります。それは、気持ちが異常に高揚しているときの決断も同じく危険だということです。気持ちが上がっているときは、偽りの異常な自信があり、何でもできるという万能感があります。そのときに決断したことは、大概自分の身の丈以上で、のちのち自分を苦しめます。

決断は、自分自身を冷静に観察できる平常心のときにというルールを持つのです。

誰と出会うかで人生は変わる

人生は人との出会いで変わるということは、あらゆる人たちがあらゆるときに感じる本音ではないでしょうか。

あのとき、あの人に出会わなければ人生は全く変わっているのです。それは偶然であることもあれば、必然であることもあります。

自分だけの出会いではありません。10代遡《さかのぼ》っただけで1024人の先祖がいます。そのご先祖のうちの1人でも違う人と結ばれていたら今の自分は存在しません。

いちばん最初に出会うのは母親であり父親です。幸・不幸は、おぎゃあと生まれてきた時点で平等ではありません。第5章でも書きますが、僕はあまり愛情に恵まれた子ども時代ではありませんでした。

今でも覚えているのは、小学生の頃、友達の家で遊んでいたときに植木の棘《とげ》が僕の手に刺さり小さな傷を負いました。本当に小さな傷です。それを見ていた友達の母親が、ああ、痛かろうと僕の指に口をあてて棘を吸いだしてくれたのです。その後、消毒をして絆創膏《ばんそうこう》を貼ってくれる間、僕は無言でした。

その年までそのような無条件の優しさに触れたことがなかったので驚き、小さな声で、ありがとうと言うのが精いっぱいでした。

その友達の母親にとっては、一生思い出すこともないほどの小さな出来事だったでしょう。しかし僕にとっては、82歳になっても忘れられない優しい出来事だったのです。そして、ここの家の子どもに生まれていたら幸せだろうなと、友達を羨ましく思いました。

それからも、友人、恋人、仕事仲間、伴侶とたくさんの人たちと出会ってきました。中には、この人物と出会わなければよかったと思う人もたくさんいます。

しかしながら、そういう人も含めて、今周りにいる人たちが、今いる自分の鏡なのです。

弱音を吐く相手を選ぶ

誰かがあなたに本音や弱音を告白しているときに、絶対に言ってはいけないことがあります。

正論です。

人が弱音を吐くときに欲しているのは共感です。私はあなたの味方ですよというメッセージなのです。正論は、相手の心の体力が付いたあとで伝えればいいのです。

そういう人たちは、正論は重々承知した上で、なおどうしようもなくて相談しているのですから、その人に寄り添って一緒に考えてあげることこそ必要なことだと思うのです。

あなたに弱音を告白するのは、あなたが弱味に付け込む人ではないと信頼を寄せている証でもあります。

そもそも、自分のつらさは人と比べられるものではありません。弱音を吐いた相手に

「お前よりつらい人はたくさんいる」と答えられて、その結果自分のつらさを「ちっぽけなつらさ」として処理される苦しさ。

人にとっては甘えに見えても自分にとってはギリギリだということはよくあることです。

人は「弱音」を吐いてもいいのです。むしろ吐くべきです。しかし相手は選ばなくてはいけません。

しかし、同じ闇を見てしまいそうな人や、弱音を吐くなと叱責するような相手を絶対に選んではいけません。自分がつらいときに、よりつらくなる相手に弱音を吐かないことです。

「弱音は相手を選んで吐け」。これはとても大事なことです。

結局、いくら他力を借りたとしても、自分の身を守るのは自分自身しかいないのです。

「世の中、いろんな人がいるなあ」で済ます

「世の中、いろんな人がいるなあ」。この一言で済ませればいいことはたくさんあって、そう思えば、他人にストレスを感じることは随分と減ります。

その自分と価値観の違う人は、攻撃対象では決してありません。その「いろんな人」の違いを認めることが、成熟した大人の教養なのです。

僕が、ツイッターに、稀に自分の政治的信条を書き込むと、がっかりしました、フォローを外しますという書き込みが必ずあります。違うからこそ対話すべきなのに、その対話のチャンスを放棄するのはとても残念です。

興味のある人が自分とは違う意見を持っている、それはどういう理由なのだろうと敬意を失わず対話することが、世界を広げる第一歩です。

人のすることが気に入らないことはたくさんあります。嫌いから憎しみにまで変わって

いる人もよく見かけます。

自分自身にさえがっかりするのに、他人にがっかりすることがあるのは当然のこと。好きな人の中にも、あれっ?と感じる短所があり、嫌いな人の中にも、おっ?というような長所があるものです。全部が自分の思い通りの人などいません。その一部がその人を代表することではないのです。

人に期待し過ぎず、失望し過ぎず。

人には楽々とこなせることが、自分が実現するのはとても難しいということがあります。逆もまた然りです。なぜこんな簡単なことがこの人には理解できず、行動できないのだろうということもしばしばです。

しかし、それはお互いさまです。人には得意分野と不得意分野が生まれながらにしてあります。

不得意な分野に手を出して努力しても、結果はせいぜい人並みです。それなら、得意分野に特化してその才能を伸ばすことが、自分にも他人にもいい結果を出すことになります。

僕は、自分が得意ではないことは基本的にやらなくていいと思っています。

自分の不得意は誰かの得意なことで、その人に任せればいい。努力の放棄ではなく、努力の方向を間違えてはいけないということです。

僕は、ただでさえしんどい人生で、不得意なことに手を出す必要はないと決めています。すごく単純な人生の結論なのですが、そういう小さな人生のコツに気がつけば、随分と生きやすくなるものなのです。

第4章　粋について

上質なものに触れる

「安いもので本当にいいものはない、安いわりにはいいものがあるだけだ。いいものは確実に高い。しかし、高くても悪いものはたくさんある」

これが82年生きてきた僕の哲学です。ただし唯一の例外は本です。ネットでは死ぬまでに読みたい古典の文庫本が、1円で売られています。

東京のような大都市に住んでいると、上質なものが当たり前のように身近に存在しています。そして、それ以上に上質ではないもので溢れかえっています。

僕がナポリの考古学博物館を訪れたとき、主要な美術品が貸し出されていました。残念に思い帰国したら、なんと上野の美術館に貸し出されて出品されていました。

音楽の世界もそうです。名だたるミュージシャンたちが東京を訪れます。東京という街に住んでいるだけで、あらゆる一流を肌で感じることができるのです。

その上、コンピューターの発達で選択肢は無限に広がりました。日本にいながらにして世界中のものが手に入ります。

だからこそ、物事を取捨選択できる審美眼や、批評眼を磨くことが必要なのです。

では、どうすればより上質なものを手に入れることができるのかというと、日々の丁寧な暮らしが根本にあります。自分の毎日がいい加減では上質なものに触れることはできません。

あなたは、どんな箸でご飯を食べていますか？　どんなグラスで水を飲んでいますか？

まずは、いちばん身近なものを上質なものに変えるのです。それが基礎になるのです。

家の中での生活が美しくなくては、いくら高価なブランド品を身に着けても、虚《むな》しいばかりです。

他人から見えないところをおろそかにしていては、本物を見抜く審美眼が養えるわけがありません。

そして、いくら上質なものが目の前にあっても、自分の感性や教養の中にないものに反応することはできないのです。

例えば、「喜左衛門」という銘の大井戸茶碗があります。江戸時代初期、大坂の商人で、大成功した竹田喜左衛門が手に入れ、自分が没落しても決して身から離さず、その後大名の所有になりますが、この茶碗を持つとよくないことが起こるので大徳寺に寄進されたという有名な茶碗です。

その茶碗が、たまに美術館に出品されると必ず見に行き、その美しさに見惚れます。しかし、見る人によっては、その茶碗はただの古ぼけた茶碗です。

人が何を見て何を美しいと思うのか、その人の自由です。しかし、喜左衛門井戸の美しさを理解する人としか、僕は美については語り合えません。

当然のことながら、その感性や審美眼は一朝一夕で身に付くものではありません。失敗を繰り返し、恥をかきながら身に付けていくものなのです。

粋で野暮天

東京に長く住んでいて様々な人に出会い、人間観察をしていると、生粋《きっすい》の江戸っ子か地方出身者か、如実に分かるときがあります。

江戸っ子は、そこにいることが自然で日常なので、分かりやすいお洒落をあまりしていません。地方から東京に出て来た人は、東京に出て来たという頑張りからか、出過ぎたお洒落をしていることが多いのです。

だから、僕の生粋の東京っ子の印象は、粋で野暮天です。そこにいることが普通なのです。

これは、世界のどの洗練された都市に行っても同じで、例えばパリ。生粋のパリジャンもパリジェンヌも、お洒落に気が抜けていて、粋で野暮天です。

それがまた格好いい。

「一流の床屋は二流の床屋が切ったふうを装う」と言います。しかし、見る人が見れば、やはり一流の仕事なのです。

一流とはこれ見よがしではありません。さりげないものなのです。そして、そのさりげなさを獲得するためには生まれ持ったセンスと、培われた審美眼が必要なのです。

残念ながら持って生まれたセンスというのは、生まれつき運動神経がいいというような先天的なもので、後天的に頑張っても決して追いつくものではありませんが、そのセンスがないなりに頑張った泥臭い格好よさも僕は好きです。

東京とは、早く出て来た田舎者と、遅く出て来た田舎者が混在する街ですが、60年以上前に胸をときめかせて秋田から列車に乗りやって来た東京が日常になっていることに、80を過ぎた今でも不意にときめきを感じることがあります。

遅くやって来た田舎者である僕であるからこそ感じる東京という街なのでしょう。

そしてその東京に代表される都会的なものはすべて、田舎者によって作られているのです。

一流の店で買うのがいちばん安い

「上質なものを買って長く使う」、これが理想的な金の使い方です。

そして等しく消えるものに、惜しみなく金を使うことも大事なことです。物として残るものだけではなく、例えば、旅行や美味しい食事、音楽を聴きにコンサートへ行く等、消えてしまうものにも金を使うのは、物として残るものに金を使うことと同等に大切なことです。

金の使い方にもセンスが問われます。そのセンスが身に付くまでには無駄な出費をしなくては身に付きません。

安いものを買って、短期間で処分することが、己の審美眼を育てることは絶対にありません。

しかし、その審美眼を育てる最短距離はあります。

それは「一流の店で買うのがいちばん安い」ということです。安い店で買い物を続けていては、安物買いの銭失いです。少し無理をしてでも一流の店で一流のものを選べば、二流のものに金を使うことが減ります。二流のものを複数買う予算を、一つの一流のものに変えるのです。

これは、呉服店の店主に聞いたことですが、50万円の着物は、10万円の着物と100万円の中間の品ではなく、限りなく10万円の着物に近いそうです。それならば、いっそ割り切って10万円の着物を買うか、2枚分の金を貯めて、一流の価値のある100万円の着物を買うか。後者を選ぶのが大人の買い物のセンスなのです。これと同じ話は宝石商からも聞いたことがあります。中途半端な値段のダイヤは、上のクラスよりも、限りなく下のクラスに近いそうです。

中途半端な品に中途半端な金を使うのが、いちばん無駄な金の使い方です。分かりやすく言ってしまえば、買った値段より高く売れる品物が一流の買い物です。

物を選ぶには、審美眼が必要です。

金持ちにセンスの悪い人が多いのは、選ばなくていいからです。何でも買えてしまい、選択眼が磨かれないからです。

選ぶ、選択するという行為によって人のセンスは洗練されるのです。

掘り出し物を手に入れるには、掘り出し物を判別するだけの目利きでなくてはいけません。

目利きになるまでには、つまらないものに随分と授業料を払います。しかし、一流品を求める者がいるからこそ、一流品を提供する者が育ちます。

文化が育つということです。自分の消費が、一つの文化の礎《いしずえ》となるのです。いいものに金を使うのは、成熟した大人の教養なのです。

そして、一流の店で物を手に入れること以外に趣味の豊かな人と交じり合うという方法があります。大人の趣味には知性が伴います。

「一着の服を選ぶことは、生活を選ぶこと」。これは、ファッションデザイナーの山本耀《やまもとよう》司《じ》さんの言葉です。彼は洋服に関わる仕事をされているので服と言われたのでしょうが、この「服」の部分は何にでも変換できます。

選択肢の中から何かを選ぶことは生活を選ぶことであり、生活を選ぶことは人生を選ぶことです。趣味を選ぶとは、その人が最も好むものですから、趣味を見ればその人のことはおおよそ分かります。

人の目など気にせず自分の好きなものを趣味にするのはよいことなのですが、大人の選んだ趣味に知性が感じられなければ、地位や肩書に関係なく、ああこの人は知性や教養に重きを置いていない人なのだと判断されるのです。

話していて面白いなあと感じる人たちは皆、その人の趣味を通じて僕に様々なことを教えてくれます。

趣味の豊かな人は人間性も豊かであると感じます。

自分に足りないものや知らない世界を誰かに教わるということは、自分が進化・深化するということです。

友を選ぶときには、趣味の豊かな人を選ぶというのが僕の信念です。

豊かな趣味を持つ友人を一人持つということは、優れた師を一人持つということなのです。

朝日新書

Asahi Shinsho

なくしたら「同じ物を買いたい」と思える物だけを買う

ため込んだ人生の無駄を手放すときに大事なことは、「これを手放したらもう二度と手に入らないものは手放さない」という基準です。

頑張れば、その物か、それ以上の物をまた手に入れられるのであれば、執着することなく手放す。そう決めると、削ぎ落とされてシンプルになり、余計な物に対する執着を抱え込まずに済むのです。

物に対するとても印象深い事件が昔ありました。有名な殺人事件なので、今でも覚えている人はいると思います。その犯人は裕福な人で豪邸に住んでいましたが、高価な外国車を次々と買っては庭に放置し、名だたる名車が錆《さび》付いた巨大なゴミになっている映像が度々テレビで流されていました。

それは、その殺人犯の心象風景のようでした。心の荒廃が物の扱いに表れて

ているようで
した。
人の命と物は比べようがありませんが、やはり高価な物さえ
が、人の命を大事にできるわけがないと感じました。
買い物をするときに、「なくしたら、もう一度同じ物を買いたいと思える物」を買
いう基準は、とても健全な価値基準です。そのくらい気に入った物を自分の物にするという自分の所有物への愛着です。お金はやはり大事なものです。お金のために起こるいろいろな事件が毎日報道されています。
その大切なお金で自分が手に入れた物をどう扱うのか、その人の人間性の一部が試されているのです。
執着を捨てていくと、逆に絶対あきらめたくない物が絞られてくることを理解すべきなのです。
自分が所有したい物を見つめ、それが持てたら自分の心がどれだけ豊かになれるだろうかと想像できることが、大人が物を手に入れるということなのです。

大人になって欲しがる物で育ちが分かる

若い人に言いたいのは、子ども時代は子どもらしく遊び、思春期には恋をするというふうに、自分の世代ごとのことをきちんと経験しながら大人になることの大切さです。それをすっとばしてしまうと、大人になってからもう一度、人生を生き直すことになります。しかも、歪な形で。

大人が大人になるには、自分の世代をきちんと経験しておかねばならないのです。そういう経験を積み段階を踏んで大人にならないと、金や地位を手に入れて自由になったとき、子どもが欲しがるような物をコレクションしたり、異性に異常に執着したりします。要するに、子どもの頃の欲望への不満を大人になって解消しているのです。

本人の自由と言えばそれまでですが、他人の目には奇異に映ることを自覚していなければいけません。

僕の知り合いに、ＩＴで成功し、巨万の富を得て高級別荘地にまるでホテルのような別荘を建てた男性がいます。実に立派な建物なのですが、とてもちぐはぐなのです。

巨万の富を得た人の別荘ですから、当然一流の建築家が設計しています。趣味のいい建物で、立派なワインセラーがあり葉巻のコレクションのためのヒュミドールもあります。

一見、大人の世界です。

しかし、どう住むのかは施主の自由です。彼の家の玄関を入ってすぐのいちばん目立つところに、幼稚なおもちゃのミニカーの膨大なコレクションが飾ってあります。

インテリアデザイナーも一流なのでしょう。北欧の趣味のいい有名な作家のオリジナルの高価な家具が至るところに置かれていますが、奥さんの趣味なのでしょうか、そこにはぬいぐるみがいくつも飾られています。かと思えば、美術館クラスの李朝《りちょう》の壺などが飾ってあるのです。

にわかに大金を手にした人のちぐはぐさが、その家に反映されています。

何にお金を使うのかで、その人の内面すら分かってしまうのです。

しかし、人の成長に伴って、お金の使い方も成長します。

かつてあれほど好きだったものに、あまりピンとこなくなり興味を失うことがあります。

それに費やした時間やお金を考えると唖然としますが、それは自分が次の段階へ上がったのだと喜ぶことなのです。

無駄が人生を豊かにすることは多いのです。

皮肉なことに、この世で大して役に立たないものが最も楽しいものだったりします。

中国に、「もしあなたに二つのコインしか残っていなければ、一つで1斤のパンを買い、もう一つで百合を買いなさい」という諺《ことわざ》があります。僕の好きな言葉です。

生活で手いっぱいのときでも、せめて百合の花を買う余裕を持つのです。

どうしても二つのコインで食料を買わなくてはならないときでも野の花を摘み、一輪挿しに飾る余裕を忘れないでいたいものです。

お金がないなりの楽しみ方を見つける

一流を知ることの大切さを言うと、必ずこう答える人たちがいます。「こんなに生活に追われているのに、そんな余裕があるのか」と。

しかし、本当にそうでしょうか？

そう答えた人は、よくスマホの課金ゲームをしていたりします。しかし、ネットでは死ぬまでに読みたい古典の文庫本が1円で売られているのです。一流の音楽会に行くのにはそれ相応のチケット料金が必要ですが、その同じ人の名演奏は、ネットで無料で聴くことができます。映画や美術館にもサービスデーや優待特典が付いていて安く見られます。

元々ゲームやテレビで暇を潰す人は、たとえ金銭的、時間的な余裕ができたとしても結局ゲームをやり、テレビを見て一日を過ごすのではないでしょうか。自分が向上するチャンスそのものに興味がないことを、お金がないことを言い訳にしているのです。

知的向上心がない者に限って、人のせい、世の中のせいにしたがるのです。

大したお金をかけなくても、生活のレベルを上げる方法はいくらでもあります。むしろ節約しながら美しい生活を送る楽しみは創造的です。

美術館巡りで得た目と知識で、身の丈に合った日常使いの骨董の皿を買う。高い料金のコンサートには行けなくても、幼い頃から何十年も練習を続ける演奏者たちのCDを買い、繰り返し聴く。高名な画家の油絵は買えないが、無名の美しい中世のイコンを手に入れるというふうに。

やろうと思えば、やり方はいくらでもあります。

ないのは、お金や時間ではなく、自分のやる気がないだけなのです。

いいものは、灯台下暗し

僕は、作品が売れ始めた頃、真っ先に外国車を買いました。それが格好いいと思っていたのです。今から考えると全く恥ずかしい限りです。

それから様々な体験、経験を積んできましたが「自動車大国の日本で、なぜあえて、俺は見栄っ張りという馬鹿の看板背負って外国車に乗らなくてはいけないのか」という疑問に至ったのです。なぜなら、車に何の興味もなく詳しくもなく、ただ見栄が張りたかっただけだからです。

例えば、フェラーリに乗る人が必ずしも洗練されたお金持ちとは限りません。何年か前に、田舎の高速道路でフェラーリなどの高級車が集団で走っていて、十数台の玉突き事故が起きましたが、あまり同情はされませんでした。彼らはモナコで高級車を乗り回す大富豪ではないのです。

その場所には、そこにふさわしいものがいちばん美しいのです。

自分にとって格好いいものとは、無理をして手に入れたものではなく、身の丈に合ったものなのです。

身の丈に合ったものは身近にあります。まさに灯台下暗しです。

しかし、ここでちょっとしたヒントがあります。身の丈に合ったものより、少しだけ背伸びをしてみる。そうすると本当に身の丈が伸びるのです。

そうやって少しずつ、ゆっくりと上質なものが身に付いてくるのです。

スキージャンプのまだ若い女子選手が、北海道の純朴な少女というキャラクターから、化粧が派手で2000万円のベンツを乗り回すキャラクターに変わり、世間ではあれこれ言われました。きっと彼女は、成熟した大人になったとき、恥ずかしく過去を振り返るでしょう。

しかしそれは、急に大金を稼いだ人のほとんどが通る道なのです。余程賢い人生設計を持っていない限り、経験のなさがそうさせるのです。

成熟した大人になるまでには、余裕を持って見守る大人の存在が必要なのです。

日常の極上こそ人生を楽しくする

晴れの日に、奮発して高いレストランに行くのは楽しいことです。お金を貯めて、何か上質なものを手に入れるのも嬉しいことです。

しかし、本当の上質なものは日常にこそ必要なのです。

はっきりと言えば、日常の極上が身に付いていなければ、非日常の極上は楽しめません。

もう随分前になりますが、女子中学生や女子高生の援助交際という名の売春が、社会問題になったことがありました。幼い自分の性を売ったお金で、高級ブランドの財布やバッグを持つ女学生が街には少なからずいました。

その姿は、見苦しいの一言でした。

ブランド品は確かに上質で贅沢なものですが、年若い娘が性を売って手にして格好いいと思う者は誰もいません。

上質なものは人を選ぶのです。

日常の極上とは、丁寧な暮らしのことです。日頃、丁寧な暮らしをしているからこそ、非日常の上質さが身に染みて分かり楽しめるのです。

そして非日常で得た刺激が、その後の日常にいい影響を与えてくれます。毎日丁寧に作って食べているお惣菜が美味しいからこそ、高いレストランに行ったときにそのよさが分かるのです。

普段、カップラーメンやコンビニ飯で食事を済ませている人が、急に高級レストランに行っても心から楽しめるわけもありません。それは、女子高生がブランド物のバッグを持っているのと同じことです。

高価なものに囲まれていなくても、「日々の生活から幸せを見出す能力」を磨くこと。これはとても大事な能力です。「日々の生活から不満ばかりを見出す能力」が高い人になっては、人生がつまらなくなってしまいます。

そして、人生がつまらない者は他人を見下し始めます。自分の人生がつまらない者は、人の粗ばかりが見えます。

日常の極上を知ることこそが、よりよいものを求める階段を一段ずつ上っていくことができる方法なのです。

それは、人生そのものをよりよいものにしていく階段です。

丁寧に暮らしたほうがとても楽で、雑に暮らしたほうがとてもしんどいものなのですが、逆に思っている人のほうが多いというのが僕の実感です。「雑」に生きるほうがしんどいものなのです。

雑な生活、雑な人間関係、雑な仕事。

精神的にも、肉体的にも、とても疲れます。結局は「丁寧」がいちばん楽なのです。

しかし毎日毎日を丁寧になんて暮らせません。僕の家には家事好きな家人がいるので、僕のずぼらな暮らしを丁寧な方向に引っ張ってくれるのですが、たまには外食し、たまには出前を取り、たまにはハンバーガーショップで若者に交じって食べます。

丁寧な暮らしの基本は100パーセント隙がないのではなく、楽しく無理なく丁寧に暮らすことなのです。

そのためには、世間の常識に囚《とら》われることはありません。

僕の家では、大掃除は5月と10月です。何も、暮れの寒くて忙しいときに一度に掃除をすることはないというのが理由です。

洗練は冷たい

洗練されたものは、いつもどこかに冷たさが潜んでいます。

利休《りきゅう》の造った最高傑作の茶室「待庵《たいあん》」は、そのものに温もりはありません。たった二畳の茶室は洗練の極みですが、人が炉に火を入れ花を活《い》け茶を点《た》ててさえも、首筋に刀を当てられているような緊張感があったのではないでしょうか。

以前、イングリッシュガーデンを極めている年老いた女性の庭造りが話題になったことがありますが、その優しげな物腰とは裏腹に、ここにこの花は合わないから、この花は萎《しお》れかかっているからと、どんどん花を引き抜き、より美しい庭を目指している姿は冷徹でした。

僕のいちばん好きな庭師は、決して花の咲く木を植えません。彼にとって花木は自分の目指す洗練ではないのです。

僕の本質は、可愛さよりも美しさを、美しさよりも端正さを求めています。ツイッター上でも、その僕の性質を知らない人たちと時折、価値観の違いで対立することがあります。はっきり言ってしまえば、僕は幼稚な趣味に興味がないのです。素朴さと幼稚さの違いさえ理解できない人たちと、美について分かり合えるはずがないのです。

一生を美の追究に捧げた北大路魯山人《きたおおじろさんじん》は、自分の美意識について来られない者たちを認めず、容赦なく罵倒し、いつも周囲の人たちとの不和が絶えませんでした。洗練を求めると、その態度は冷徹になります。1000のうち1の好きを選択するために999の嫌いを捨てるのです。

しかし、ここで気をつけなければならないのは自分の趣味ではないその人たちを理解しなくてもいい、しかし否定はしないということです。

カワイイ、上等ではないですか。ローマの洗練された通りの一角には、キティちゃんの店舗が異彩を放っていました。日本中では、ゆるキャラがお金を生み出しています。ただ、そのカワイイを主眼とする人たちと、僕は美については話し合えないというだけのことです。

数年前のことですが、冬の奥多摩へ家人とドライブに行きました。その帰り道、家人が道を間違え、幹線道路から昔の狭い農道へ迷い込んでしまい、にっちもさっちも行かず車を進めることができなくなりました。

そのとき助けてくれたのが、たまたま幹線道路沿いで荷物の上げ下ろしをしていた大型トラックのドライバーでした。仕事の手を休め、わざわざ農道のカーブまで車の様子を見に来てくれて、やはり運転のプロですから、見事なハンドルさばきで来た道をバックで慎重に運転し幹線道路まで戻ってくれたのです。

冬の奥多摩はとても寒い場所でした。そうしたら、そのドライバーは、「寒いでしょうから僕の車の中で待っていてください」と、僕たちをトラックに乗せてくれたのです。

そのトラックの中では、浜崎あゆみさんの曲が流れ、彼女のグッズで溢れていました。正直に言えば、ジャズやクラシックの音楽にこだわりがある僕からしてみれば、普段聞きなれた音楽ではありません。

しかし僕は、このドライバーの男性と音楽のことで語り合うことはないかもしれないが、その他の多くのことで語り合えるはずだと感じました。実際に、その方とは連絡先を交換し、今でもやりとりのある友人になりました。やはり車のことに詳しいので車についていいろいろ相談に乗ってもらったり、彼にできた赤ちゃんを連れて夫婦で我が家に遊びに来たりしています。

あのとき出会わなければ、きっと一生交わることのなかった人でしょう。

ファッションに興味がある人から見れば、ダサい奴は全否定。クラシック音楽に興味がある人は、アイドルソングを聴く人なんて全否定。それでは人への理解は深まりません。

ある視点から言えば嫌いだけど、別の視点から見ると、その同じ人物の好きな面が必ずあるものです。特定の主題によって、その人の人格を全否定しないことの大事さをいつも心の隅に留《とど》めておくべきなのです。

人を判断するときに、加点法の人と減点法の人がいますが、人の欠点をあげつらう減点法の人より人の美点を見つけられる加点法の人のほうが人生は豊かです。

僕は加点法の一点突破型で、10のうち一つでもいい所があると、他の九つが駄目でもその人に惚れてしまいます。

一つ駄目なら全て駄目よりいいと自分では信じています。

人任せでは成熟したものを得られない

僕の知り合いに、有名な建築家によって鎌倉に家を建てた人がいます。

それは完全に失敗した家でした。

何故なら建築家の言いなりに建てた、外見はお洒落な、その実全く使い物にならない家だったのです。

家族構成は皆高齢で、いちばん年上の母親は80代でした。施主自身は子どもの頃から足に障害がありました。しかし家の中心にあるのは、洒落た急ならせん階段でした。建築家もそれではまずいと思ったのか、家庭用エレベーターを付けましたが、台風が来るたびに水浸しで修理の連続です。

施主は料理が大の得意で料理教室なども開いていますが、家の大きさのわりには小さ過ぎる台所は格好のよさばかりで実用的ではなく、寸胴鍋をコンロにかけたら傾いて中身を床にぶちまけてしまう始末です。収納は高い位置にあり、ただでさえ狭いキッチンに脚立が欠かせません。

そしていちばん驚いたのは、鎌倉山の中腹から江の島の海を望む立地のよさに惹かれて土地を選んだにもかかわらず、家の外壁をルーバーで囲い、その景色が見えないデザインにしたことです。

ルーバーで家を囲うということは、窓掃除をするにも自分ではできず、業者に頼まなくてはいけません。

その他にも、例を挙げればきりがないぐらいの、一見お洒落な重大な欠陥住宅なのです。

以前その方にお会いして家の話になったのですが、ルーバーの塗り直しに100万円かかるというので、大変ですねえと答えたら、正確には塗り直しのための足場を組むだけで100万円、最終的に塗り直しの完了までに400万円で1カ月かかったと言うのです。

家を美しく保つためには何年かに一度その作業が必要で、その家に住む以上、大きなストレスと大きな出費が続きます。

何故そのような家を、彼らは建てたのでしょうか。

それは、その有名建築家というブランドを信じ、人任せにしたからです。

家といういちばん大切な一生の買い物を、人任せにしたことが原因なのです。成熟した大人が、自分たちの意見を伝えるのではなく、終《つい》の棲家《すみか》を建築家に丸投げしてしまったのです。

それからしばらくして、美意識が高いことで知られている人物が同じ建築家で京都に家を建てました。その家の出来はとても素晴らしく、度々建築雑誌に載っていました。そのいきさつも聞いたのですが、建築家との間では相当なやりとりや喧嘩があったそうです。しかし、家というものは、そのぐらい強い意志で臨まなければ自分の理想に近い家は建てられません。

人生の半ばを過ぎて己の美意識、その美意識を形にする手段がなくて何の人生ぞと思います。

大人が何かを手に入れるということは、これまでの知見と生き様が現れるということなのです。

余裕ある大人の所作のヒント

僕は茶道を嗜むので、たまにお茶席に呼ばれるのですが、茶を点てる所作には性格が如実に表れます。バー通いも日課なのですが、酒をつくる所作が美しいバーテンダーに惹かれます。街で見かけるマナーのよい車の運転も同じです。

彼らに共通する大人の所作の特徴は、「余裕」があることです。

余裕があることとは、焦らないということです。

余裕のない者が焦って、美味い一服のお茶を点てることはできません。

僕の好きなバーテンダーは、店が満席のときほどゆったりと酒をつくるように心がけているそうです。忙しそうにせかせかと出された酒は美味しそうには見えません。

どんな高級車に乗っていても、助手席に乗る人は、周りの運転者や歩行者に優しいドライバーに惹かれるでしょう。高級車の乱暴な運転ほど見苦しいものはありません。

余裕のある人の所作は、不自然さがなく、内面から滲《にじ》み出るものなのです。

姿勢、しぐさ、口調、笑顔。本当に大事な大人のお洒落には、お金はかからないものなのです。

僕は携帯電話を食事中にチェックしません。

1時間後に携帯の留守電を聞いても、大きな人生の変化などまずありません。料理屋のカウンターに携帯を置きっぱなしにしている男は、女性は相手にしないほうがよいとすら思っています。

食事をしている相手に、数時間を差し出す。それは、好意の証です。

先日、家人と2人で近所のブリティッシュパブにビールを飲みに行ったのですが、とても不快なカップルを目にしました。

若い女性は拙《つたな》いながらも一生懸命会話を継続しようとしているのに、相手の男性はずっとスマホをチェックしていたのです。熱々の料理が運ばれてきても、男性はスマホをいじりながらフォークでつつく程度です。まるで、あなたには女性としての、もっとはっきり言うと、人間としてのあなたに興味はありませんよと言わんばかりの態度です。

どういう事情があるのか分かりませんが、食事中もスマホをチェックしなければいけない男は魅力的でもないし無能です。

食事の態度には、その人の生まれ育ち、性格が出ます。

ある年配の女性が、セックスよりも、食事のマナーのほうがその人の本性が出ると言ったので大笑いしたことがあります。性欲も食欲も本能ですが、食事を美味しく一緒に楽しめない相手は伴侶にしないほうがいいというのが実感です。

大人の世界の自由度

僕は大の子ども好きですが、子どもにはそぐわないと感じる場所はあります。

子どもは騒ぐなではなく、子どもは騒ぐのが前提なので大人の落ち着きが必要な場所に連れてくるべきではないというのが僕の意見です。

大人には、大人の特別な世界があるのです。

しかし、昔に比べて子どもを大人の世界に入り込ませる親が増えたというのが、僕の実感です。酒を提供する高級料理店で、オレンジジュースでご飯を食べ甲高い声を上げる子どもの姿は見たくありません。たとえその店舗が子どもを受け入れたとしても、僕はその店に足が向かなくなるでしょう。

子どもだけではありません。大人同士の世界でも同じです。

僕のよく行く居酒屋は喫煙可なのですが、喫煙が許されているからといって横で食事中にずっとチェーンスモーキングされたらたまったものではありません。喫煙可であるからこそ、喫煙に気をつけるのです。

バーでもそうです。酒を飲む場所ですが、自分の適量を過ぎた酒を飲み騒ぐことは許されないのです。

大人の世界は自由度が高いからこそ、自分を律する必要があるのです。

急に大人の世界の作法を知れと言うつもりはありません。僕自身、おどおどと大人の世界に足を踏み入れました。当時の大人には物知らずの生意気な小僧に見えたことでしょう。どんなに頑張っても、若者が葉巻をふかしている姿は滑稽に見えますし、若い女性がケリーバッグを持っていても違和感しかありません。笑い話ですが、童顔の30過ぎの知人が、パリのビストロで食事をしたあと、葉巻を吸っていたら周りの大人にクスクスと笑われたそうです。

しかし、大人と子どもの間に立ちはだかるのは壁ではなく階段なのです。それがいかに急峻《きゅうしゅん》な角度に思えても階段である以上、足がかりは必ずあります。

「子ども叱るな来た道だもの、年寄り笑うな行く道だもの」とは、真理だなといつも思います。

余裕とは優しさ、優しさとは根性

女性に好きな男性のタイプは?と尋ねたら、余裕のある人、優しい人と答える人が多数を占めるのではないでしょうか。

大人の優しさや余裕はどこに表れるのかと言えば、それは「口調」です。そして、声のトーンが一定で安定しています。

心が荒んできたときに、真っ先に表れるのは、見かけではありません。

声や口調です。気分が変わるたびに、口調が変わったり声を荒らげたりするのは、余裕のない者の特徴です。

余裕とは、優しさです。優しさとは、貫いてこその優しさなのです。

そして優しさとは根性です。

気分によって、一時的に優しかったり、怒りっぽかったりするのは見苦しいものです。

だから、自分自身がどういう喋り方をしているのかを常に気にするのです。人に気づかれる前に、自分の心の荒みを自覚できます。まだ傷が浅いうちに自分で気がつくことができるのです。

僕の周りの、女性を魅了する男たちには共通点があります。彼らは、人の悪口を言いません。人の悪口を言うような男は、自分は人の悪口を言うような人間であると、自分で自分の悪口を広めているのです。

人を魅了する人とは顔ではありません。面構えなのです。

意地悪な人は顔に出るというよりも、表情に出ます。生き方は顔に出るのです。

特に、年を重ねると容赦なく、口でどんなに取り繕っても人生の来し方は顔に表れます。

美醜を超えて、人を顔で選ぶことは間違いではないと思います。

顔は運命ですが、表情は運命を切り拓《ひら》いた証なのです。

憧れの対象になる大人がいない

例えば、日本でよくもてはやされる「可愛い」は、とても分かりやすく幼稚な世界です。大の大人がその幼稚な子どもの世界に引っ張られているのが日本の現状ではないでしょうか。

あるべきは成熟した大人の世界に子どもが憧れを持ち、そうなれるように自分を磨き育てていくことです。しかし子どもたちを責めるわけにはいきません。何故なら、あんな大人になりたい、あんな世界に足を踏み入れたいと思わせるような世界を身近な現実の大人が見せられていないからです。

先日テレビを見ていたら、2世タレントの女の子が、自分の父親のことを下の名前で呼び捨てにしていました。それは、とても不快な光景でしたが周りの大人のタレントたちはただ無責任に笑っているだけでした。友達親子などという言葉がありますが、親は友達ではありません。

その可愛らしいタレントは、多分大成できないでしょう。

なぜなら、大人の世界は礼節で成り立っているからです。親は、自分の名前を呼び捨てにさせるべきではないし、人前では、親のことを「父」「母」と呼ばせるぐらいの躾もできない大人が、将来なるべき成熟した大人の世界を子どもに示せるはずもありません。子どもが大人を舐《な》めていることを許しているのですから。

一見優しい親に見えるでしょうが、将来恥をかくのは我が子です。そのような状況で、大人の一流のさりげなさを理解する子どもたちが育つことができるでしょうか。

僕は、一流のさりげなさを上の世代の格好よさに触れることで学びました。

そのさりげなさを解するようになるまでには、恥をかいたりみっともない勘違いもたくさん経験しました。

成熟した大人には、さりげない一流の素晴らしさを下の世代に教える義務があるのです。

憧れるような大人がいないと嘆く若者には、「だったら、自分が憧れられる大人になってみなさい」と僕は忠告します。

ただ、「格好いいから」選ぶ

固定観念でもなく、損得勘定でもなく、情報でもなく、人の評価によるものでもない。ただ、「格好いいから」が理由で選択するときがあるべきなのです。男も女もです。

僕は電車に乗ったとき、あえてスマホは見ません。電車に乗り反対側の席を見れば、7人掛けのうち7人全員がスマホを操っています。たまに、文庫本や新聞を読んでいる人を見かけると格好よく見えるほどです。

そのスマホを使っている人が、必ずしもゲームやどうでもよいゴシップを見ているとは限りません。もしかしたらラテン語を勉強しているのかもしれないし、何かの論文を読んでいるのかもしれません。

しかし、ただひたすらに電車でスマホをいじっている姿が美しくないのです。

ありのままの自分もいいけれど、時には格好いい自分でいたいとは思いませんか？

先日、いわゆるロックスターをコンビニで見かけました。おっ、凄いスポーツカーが止まったぞ、おっ、有名なロックスターだ、などと思いながらたまたまその人の後ろでレジの順番を待っていたのですが、ちゃんとポイントカードで支払うその姿まで格好いいのです。

この話をすると皆笑うのですが、ちゃんとポイントをためている姿さえ格好よかったのです。「ああ、この人は、コンビニで買い物をするときにでもロックスターとしての覚悟があるのだな」と、滑稽さよりも感動しました。

確かに、いつも見栄を張り続ける人生はいつか破綻《はたん》します。

しかし、見栄の張りどころがあってもいいじゃありませんか。

どうしてもお付き合いしたい人と出会って、今日は自分の中では頑張ったのです、見栄を張っているのですと相手に正直に告げながらも、値段の高いレストランに誘われた女性がその男性を嫌いになれるでしょうか。次の食事の誘いが安くて美味しい居酒屋でもいいのです。

最初は頑張ってくれたのだな、でも、ちゃんと経済観念のある人なのだなと、僕が女性なら少なくとも恋人や伴侶としての視野に入れます。男女の立場が入れ替わっても同じです。

格好いいと思う人の基準は様々ですが、自分が格好いいと思うことを、少しだけ背伸びをしてすることは大事なことです。

なぜなら、背伸びをした分だけ自分の背は伸びるのです。成長するのです。

ここで大事なことは、「少しだけ」というところです。

大きく背伸びした自分は不安定で見苦しいのです。

若い女性の友人が、こんなエピソードを聞かせてくれました。

最初に食事に誘われたのは、有名なフレンチレストランだったそうです。自分に渡されたメニューもワインリストもまるで呪文のようでした。

しかし、彼は自信があるから誘ってくれたのだろうなと思っていたら、その彼もフレンチに特別詳しいわけではありませんでした。

しかし、とても素直に「君とこんなところで食事してみたかったんだよ」と答えたそうです。そして、メートルにその旨を正直に伝え、慎重にメニューを吟味したところ、とても美味しく楽しい食事になったそうです。

その後2人は結婚し、今では少しずつフレンチのメニューに詳しくなり、ワインの基本知識も得て、格好つけてたまに高いフレンチレストランで食事するそうです。

そのときは、お洒落をしてとても楽しい時間だと嬉しそうに語っていました。

日本人が毎日のお惣菜に工夫を凝らし興味を持つことと同じ程度に、フランス料理にも興味を持ち楽しむ。

なんだか世界が広がり、素敵な格好つけだと思いませんか？

本を読め、旅に出ろ、人の悪口を言うな

本を読むことで知識を得て、旅に出て行動することで知識が知恵に変わる。人の悪口を言わないことは人格を表す。少なくとも僕の周りで魅力的な人たちは、この三つに全て当てはまります。

成熟した大人になるためにまずやるべきことは、この三つではないでしょうか。どれも難しいことではありません。

僕がツイッターをしていて極端な意見のリプライをもらうことがありますが、その人のツイートを見ると、この三つ全てが当てはまらないという共通点があります。はっきりと言ってしまえば、知的好奇心がない代わりに、有名人などに下司《げす》の勘繰りの好奇心を持ち、人の悪口を書き込み、自分の現状を嘆くばかりで行動には移しません。

彼らは「つまらない」とか「何が面白いのか分からない」というのが口癖です。そうい

う人物が他にどんなことを発信しているのかと本人のツイートを見に行くと、面白いことを言っていたことがありません。

自分を取り巻く世界や他人がつまらないのではなく、自分自身がつまらない人間なのです。

直感的に感じるのは、パソコンという小さな窓から世界を眺めることに、あまりにも慣れ過ぎているのだろうなということです。

そう思うことには根拠があります。彼らは自分語りしかしていないのです。毎日、何十回と書き込むツイートには、驚くまでに他者の影はありません。

成熟した大人は、目的があり、手段としてネットを使っています。しかし彼らは、ネットそのものが目的なのです。

彼らは、パソコンの小窓から外に出るべきなのです。

しかし、彼らにも言い分はあるでしょう。ある程度大人になってからネットに触れる、もしくは親が適切な使い方を指導するなど、ある一定の抑制があればよいのですがデジタルネイティブなどと呼ばれる世代にとってみれば、ネットという最高に楽しいおもちゃを子どもの頃から与えられているのです。

外に出なくても、十分に楽しい生活が送れると信じ込んでも無理はありません。大人でさえSNSに夢中です。しかし、成熟した大人にとっては、それはツールの一つでしかないのです。

ネットを使っていると、「論語読みの論語知らず」が増えます。体験をしていないので、もちろん深い理解などはしていないけれど、知った気になれるのがネットの恐ろしい一側面です。例えるなら、実際にその本を熟読したことはないけれど、本の題名だけは知っていて読んだような気になっているといったところでしょうか。

それは、ネットで得られる巨大な世界のごく一部です。しかし、その一部が生活の全部という人たちもいるのです。

ネットなしの生活にはもう戻れないからこそ、成熟した大人になるためのネットの使い方が問われるのではないでしょうか。

モノ選びは人生を選ぶこと

僕は、妻に贈るダイヤモンドでも、毎日使うコップ一つでも、同じ情熱と真剣さで選びます。生活が少しでも美しくなるコツです。

生活が美しくなると、少し生活に余裕ができる。

生活に余裕ができると、心に余裕ができる。

心に余裕ができると人に優しくできる。

僕がモノ選びにこだわる理由はそのためです。

モノ選びは人生を選ぶことなのです。

美味しいご飯を作ったら、美しい器で食べたいと思うのは自然なことではないでしょうか。気に入った器を購入したからこそ、美味しいご飯を作ろうという気にもなります。

風呂に入らなくても、部屋が汚くても、不潔で人間は死にません。

しかし、風呂さえも入らない、仕事から帰ってきたときに家がすごく汚いという負の感情は、人間を簡単に弱らせるのです。

身なりも同じで、身なりが悪いから死ぬわけではありませんが、身なりの悪さは惨めになります。最低限のことをこなしていないと人は簡単に弱り、負の感情に引き寄せられます。

鬱《うつ》になったときに生活は乱れます。逆に言えば、生活に気をつければ鬱にはなりにくいのです。生活の美しさに気が向くというのは心の余裕の表れです。

僕は、心が落ち込みそうになったとき、何か美しい物を一つ頑張って買うことにしています。何でもいいのです。それこそ食器の一つでも、ネクタイの一本でもいいのです。

明日はこの食器に合う美味しいお惣菜を盛ろう、明日はこのネクタイに似合う格好をしよう。小さな喜びです。

しかし、その小さな喜びが負に引き寄せられそうな気持ちを引き戻してくれるのです。せっかく気に入ったネクタイを締めたのだから、見てもらおうと誰かに会いに行くというふうに。

ボランティアで老人ホームで髪をカットしている友人の美容師は、呆けかけた方でも髪を整えてあげると驚くほど表情が明るくなると言っていました。90過ぎの親類を介護している家人は、口紅を塗ってあげると、引きこもりがちなその老婦人が喫茶店にお茶でも飲みに行こうかと言い出して、とても喜んでいます。

所詮物ではないかという人もいるでしょうが、年を重ねれば重ねるほど物に心が影響されるというのが僕の実感です。

たかが物、されど物です。

あなたが今欲している物、それは本当に必要なものですか。

成熟した大人は、物を選ばなくてはいけないのです。

第5章　人を愛することについて

ちょっとした感動を共有しあえることが喜び

若い友人の祖父が亡くなったとき、彼から非常に心に残る話を聞きました。

90代の祖父の遺影の前で、80代後半の祖母が「最期まで、あんたのことは好きになれんかったわ」と言ったそうです。しかし、泣いていたと。

人が人を愛するということは、壮絶なことだと思いました。

もう、この人しかいないと心の底から愛し盛大な結婚式を挙げても、数年後に離婚するということは珍しくありません。逆もまた然りです。周りがすぐに別れそうだなと思っていた夫婦が、一生添い遂げることもよくある話です。

一言でいえば、問題を抱えていない愛など存在しないということです。

その問題をきっぱりとあきらめて別れるか、乗り越えるのか。どちらがいいとか悪いとかという問題ではありません。長く続く関係のほうがいいとは思いますが、夫婦によっては別れたほうがいいこともあるでしょう。

恋愛や結婚の条件に、年収や容姿や学歴を求めるのはもっともなことなのですが、美味しいものを食べたらあの人にも食べさせてあげたいなあとか、綺麗な景色を見たらあの人にも見せたいなあとか、いい音楽を聴いたらあの人のためにCDを買って帰ろうかとか、そう思える条件ぐらいのほうがずっとうまくいくのだと思います。

僕の実感としては、愛とは釣り合いの取れた者同士、その釣り合いとは物理的なものではなく、魂の釣り合いが取れた者同士が結ばれることが最上なのです。

愛がないと歪む

愛がないと人は歪みます。

正確に言うと子どもの頃に親からの無条件の愛を受け、自分を肯定することを体験しなければ、のちのちの人生で、愛を肯定することに非常な努力を要します。

人として、愛情の育ちのいい人は幸せです。

何故そう断言できるのかと言うと、僕自身がそうではなかったからです。

僕は、幼い頃、本家に男の子が生まれなかったので養子に出されました。本家での生活は経済的には恵まれていましたが、愛情という基準では恵まれていませんでした。お手伝いさんが身の回りのことは全てやってくれましたが、父や母とは、今で言うところのスキンシップなどはありませんでした。血の繋がりが遠い妹たちが母に甘えているのを、冷めた目で見ていました。両親たちは、僕をあまり叱りもせず、他の人からも怒られませんでした。怒られないということは、興味がないということです。

そういう育ち方をすると、愛に対して非常に疑い深い青年になります。それなりに恋愛もしましたが、いつもどこかで愛を疑っていました。

唯一、その育ち方が善い方向に向かったのは、その愛情の薄い家庭に育ったというコンプレックスが、ものを書くということへの原動力となったことです。

そのコンプレックスが強かった頃は、本当にこの女性は無条件に僕のことを愛してくれているのだろうかと、愛を試すような態度をとったりもしました。とても非礼で薄情なことをしたと、今でも後悔しています。完全な人間不信です。

しかし、無条件に愛された経験がないと、本当に人として心が歪んでしまうのです。

そして、自分にそのような環境を与えた人たちを恨んでいました。

愛され肯定されて育った人は、自分に自信があるから表情やしぐさがごく自然に魅力的で、愛されることに慣れていて愛されることを疑わないから付き合いやすいのです。人に愛された分、同じように人を愛せるからますます愛される。愛されないで育った人はその逆の負のループです。

僕は一見自信家に見えても、見る人が見れば、人との付き合い方や愛し方が分からないつまらない男だったと思います。

今にして思うと、その頃の僕は強い人間ではありませんでした。

強い人は人を許せます。

弱い人間ほど、相手を許すことができないのです。

最近、とても腑《ふ》に落ちる言葉を教えていただきました。

「許しは過去との決別」と。

京都に住まわれている英国人女性ベニシアさんの言葉です。

僕も、段階を経て、自分の歪みが少しずつ直り過去を過去のものとして決別していきました。

年を重ねて、自分の環境も、いろいろな人も許そうと思えるようになったのです。

最初は、あきらめにも似た感情でしたが、許そうと思えたのです。

そして、より大切なことに気づきました。

自分も人から許されているということに。

愛に関して、「つらいことを経験すると人生の糧になる」ということはありません。DVを繰り返す男や、浮気をする伴侶など出会わないに越したことはないのです。かつて、愛で苦労した人が今幸せだとしても、それはただの相関関係で因果関係ではありません。無駄な愛の苦労をしても割には合わないし、しないに越したことはありません。しかし、その苦労をしたおかげで、結果的にたまたま僕は人として成長しました。

人には、それぞれの愛の環境があります。愛情に関して、育ちのいい人は本当に幸せです。運のいい人です。

しかし、仮に愛の環境に恵まれなくても、自分の気づき次第では、自分で愛を取り戻すことは可能なのです。

愛の究極

「しつかりと　飯を食はせて　陽にあてし　ふとんにくるみて　寝かす仕合せ」

これは、歌人の河野裕子《かわのゆうこ》さんが子を想《おも》う心情を詠んだ有名な短歌です。この単純でいて、しかし究極の愛情を持てる者が成熟した大人なのです。

何も我が子に限った話ではありません。子が老いた親を想う、見知らぬ人が見知らぬ国の人を想う、とにかく全ての人間関係に当てはまるのではないか、と天気のいい日に干してある布団を見て思うのです。

格好よい大人の成熟とは、そういうことなのだと断言できます。

何を着ていようが何を食べていようが、どれだけダンディに暮らしていようが、結局は自分より弱い者をどれだけ慈しみ育てられるのかというような、自分以外の他者に愛情を注げるということが成熟した大人なのです。

しかし子ども時代を終わらせないで大人になった、「子どもおとな」は確実に増えています。その分、子どもにはしわ寄せがきています。子どもおとなに育てられた子どもはどうなるのでしょうか。

「子どもおとな」の拡大再生産です。

大人は、子どものために大人になる義務があるのです。

大人になろうとして、成熟した大人になったのではない、子どもではいられなくなったから仕方なく大人の世界に嫌々押し出された者には、先述の河野裕子さんの短歌のような心境にはなれないのではないでしょうか。

成熟した大人には、己の意志でしかなれないのです。

人が大人になりきれず淀《よど》んでいるのは、自分で大人になる気力を持たず、人生の清流を泳ぐのではなく、同じ沼の中で腐っているからです。

しかし、この句を詠んだ河野さんにも地獄がありました。

河野裕子さんは64歳の若さで乳がんで亡くなられたのですが、同じく高名な歌人で大学教授の夫の永田和宏さんが河野さんの死後出版された本には、家族との葛藤や闘病、がんの進行とともに精神を病んでいく妻との地獄のような生活が克明に描かれていました。それほどまでにプライバシーを晒《さら》さなくてもよいのではないかと思うほどにです。

あれだけ家族との幸せを詠み続けた歌人にも、愛する者同士が故の地獄があったのです。

愛の究極と愛の地獄は等しく存在するのです。

身近な人にこそ丁寧に

僕は、いちばん身近な人にこそ、いちばん口に気をつけるようにしています。なぜなら、他人には元々気をつけて口を開きますが、身近な人にこそ、ついつい口が軽くなってしまうものだからです。

気をつけていても気を許しているし、一緒にいる時間が多いので、やはり口のつまずきで相手を怒らせてしまうことがあります。

そこで本気で相手を怒らせてしまうかどうかは、日ごろから、優しい言葉のキャッチボールができているかどうかなのです。普段からギスギスした会話を交わしていれば、大きな喧嘩の火種にもなるでしょう。しかし普段から優しい会話を交わしていれば喧嘩にはなるけれど、そういう口の失敗はお互いにあるよね、で済みます。

何よりも日々の優しい言葉のキャッチボールは、お互いの愛を深めてくれます。そして、身近な人から学んだキャッチボールの仕方を、仕事関係でも友人関係でも実践できるようになるというメリットがあります。

我が家では、6割が敬語で4割ぐらいが冗談を含めたくだけた言葉遣いです。

敬語を親しい夫婦の間で使うメリットは、敬語では醜い口喧嘩にはならず、それを子どもを含めた第三者に聞かせることがないということです。人の醜い罵《のの》り声ほど嫌なものはありません。優しい言葉のキャッチボールは、本人たちも、聞いている周りの人たちも皆を幸せにします。

何よりも、感情にまかせて大きな声を出したり汚い言葉を使うと、あとで必ず、深い自己嫌悪に陥ります。人を傷つけるだけではなく、自分自身をも傷つけるのです。

長年医師をしている友人は、再婚した相手といい関係を築き幸せに暮らしているのですが、明らかに今のほうが患者や仕事仲間に対して優しく対応できると言っています。

その秘訣は、お互いに言葉に気をつけることだそうです。

ベテランの医師なので、家庭のゴタゴタなど一切表情に出していたつもりはなかったけれど、再婚し夫婦関係が上手くいっていることが仕事の充実に繋がっているそうです。

言葉遣いは、気遣いなのです。

人を愛することは、その人の幸せを願うこと

友人に結婚はしないと決めている男性がいます。

その理由は、自分の時間や、自分の稼いだお金を誰かのために使うのが嫌だからというものです。いろいろな考え方の人がいていいので僕は彼を否定しません。しかし、それはあまりにも虚しい考え方だと思うのも事実です。

それでは、まるで、人の家に招かれたときに、自分が食べる分だけのケーキを買って持っていくようなものです。

本当なら全部自分のために使いたい心を、人のために使う場所を空けること。それが人との出会いであり愛なのです。相手のために、自分の時間や心を空けておく余裕を持てる人でなくては、愛する人を幸せにすることはできません。

愛する人が幸せなら自分の損にはならないことに、彼が気づいてくれたらいいのになと

思います。なぜなら人を愛して自分の心や時間やお金を使うように、愛する人も同じく自分のために心や時間やお金を使ってくれるのです。

また別の友人は、子どもをつくらないことを条件に結婚しました。人生の重要な時期を子育ての時間に取られたくなく、また、自分の子どもといえども一生その子どもの責任を取ることが嫌だからだそうです。そして、いちばんの理由は自分自身が親とは全く良好な関係を築けなかったこともあり、子どもを持つことに抵抗があるそうです。

しかし、子どもが嫌いだということではなく、自分の子どもをつくる気はないけれど、社会が子どもを育てていく必要性はあると、養護施設などに毎月お金を送っています。

お礼の手紙が届くそうですが、年々、字が上手くなり内容がしっかりしてくるんだよと嬉しそうに言っていました。一般的ではないけれど、その友人にできる立派な子育てであると思います。

形はどうであれ、人に与える愛だけが、己に残る愛なのです。

第6章　年を重ねることについて

どういう老人になるかは、今の自分で決まっている

「年を取ることは進化だ」ということに気がつかなければ、確かに加齢は怖いことでしょう。

若い人に言いたいのは、世の中の見える部分だけを判断材料にしてはいけないということです。確かに年寄りは、目に見えて衰え、頑固になり、老・病・死を連想させる存在です。ああはなりたくないよね、と感じさせるのでしょう。

しかし、年を重ねることはただの経年劣化ではありません。目に見えないところでは、若さを失う代わりに、得るものも同じぐらいあるのです。年を取ったからこそ得るものは、なかなか若い人の目にはつきませんが、本当に大事なことは見えないところにあるのです。

僕は、今、82歳ですが、周りを見渡せば、亡くなった者、ボケた者、闘病中の者がいる

かと思えば、何千メートル級の山に登る者、若い人とバンドで日本各地を回るミュージシャンと様々です。

そして、自分が年を取って分かったことは、人は年を重ねて何かを学び格好よい老人になるのではなく、格好いい老人は若いときから格好よかったということです。格好いい若者が格好いい老人になるのです。

どういう老人になるのかということは、若いときから始まっているのです。

年を取ることを恐れるということは、今の自分に自信がないということです。

老・病・死は避けがたいことですが、格好よく生きるということは心がけ次第です。以前ネットで、こういう言葉を見ました。

「老後のためといって何でも我慢する人生なんて、既に老後を送っているようなもんだよ」

将来の老いの恐怖のために、今の若さを犠牲にするのは愚かなことです。

「老い」を前向きにとらえるには

きちんと「若さを卒業していく」のは、とても大事なことです。

おじさん、おばさんになることに抵抗するより、どれだけ格好いいおじさん、おばさんになれるのか努力したほうがいい。

若さを卒業しそこねて、若さをこじらせて格好悪い大人になってはいけないと常々感じます。

若者を卒業することができなかった老人は、若者のグロテスクなコピーです。

先日、若さを卒業しそこねた女性と会いました。僕が時々訪れる料理屋があります。その常連で、とてもお金持ちの夫婦が来ますが、会うたびに奥さんの顔が整形を重ねて、どんどん突っ張っていきます。

直視すると悪いなと遠慮するぐらいです。元は美しい女性でした。しかし、年を重ねることによって得られる美について思い至る知性はなかったようです。

ある日、そこで食事をしているときに、僕は耳を疑うような彼女の発言を耳にしました。

「年下の男性が私に視線を送ってくるのよね」

まるで自分の魅力に若い男が興味を持っていると言わんばかりでした。

違うのです。整形に整形を重ねた年配の女性の奇異な姿から、目が離せなかっただけなのです。しかし、彼女は、そうとは気づかないほど「若くありたい病」を患っているのです。

老いを受け入れるということは、感性の領域ではなく知性の領域なのです。

人からこう思われたい自分と、実際の自分の差が少なければ少ないほど成熟した大人に近づけるのです。

子どもを持つ親が、ゆっくりゆっくりと大きくなってほしいと願うような気持ちで、老いも、ゆっくりゆっくりとありのままを受け入れていけばいいのです。

今の自分は若い頃の結果

今の自分に満足していますか？

不満だらけですか？

今の自分は、選択を重ねてきた結果の自分なのです。

まだ50歳の友人に会ったとき、上の歯がすべて総入れ歯だと告げられて驚いたことがあります。普通に歯磨きをしていれば、余程のことがない限り、歯のダメージはそこまで酷《ひど》くはならないでしょう。しかし、その話を歯科医の友人にすると、そう珍しい話でもないそうです。彼曰く、「口の中を見ると、その人の今までの生活と性格が分かる」と言われ、納得しました。

眼科の医師と話をしたときも、目が悪い若者が驚くほど増えていて、年を取ったとき余程の医学の進歩がない限り、目で苦労する人は増え続けるだろうと言っていました。

僕の友人に、糖尿病を悪化させ入院している男性がいます。彼は、祖父も母親も糖尿病を悪化させて亡くなったのですが、その遺伝が分かっているにもかかわらず飲食を制限することができなかったのです。何度もダイエットに挑戦しましたがリバウンドを繰り返しますます悪化させてしまいました。アルコール依存症で苦しんでいる知人もいます。

彼らに共通しているのは、そこに至るまでに何度も立ち戻れるチャンスがあったにもかかわらず、ふいにし続けたということです。

人生には、「行って戻って来られるライン」があります。人間関係でも、だらしなさでも、病気でも何であってもです。戻って来られるラインぎりぎりで気がつかなければ元には戻れません。

その一線を越えてしまったら、元の人生には戻れないのです。「危険に生きよ」とニーチェは言いましたが、戻って来られなければただの無謀なのです。

しかし、例に挙げたように歯や目や病気など、ゆっくりと、しかし確実に進行することに人は判断を甘くしてしまいます。今のところ、これでどうにかやっていけているということが、油断の大きな原因でしょう。

今の自分の選択が将来の自分をつくるということに意識的でなければ、なるべくしてなった自分にしかなれないのです。

電車に乗っていて、非常に対照的な2人の若者に挟まれて座ったことがあります。1人はいわゆる落ちゲーと呼ばれる単純なゲームを続け、もう片方の若者は研究書を熱心に読んでいました。

たまたま一緒になった何十分かの時間ですが、この両者の将来には非常に大きな差があるのだろうなと感じました。

ただでさえ始まりの時点で、人生は平等ではありません。未来の自分の結果は若いときの自分の選択の集合体なのです。

将来の苦労は、今の自分が減らすのです。

自分の意志で老人になる

若者は、義務教育や大学や就職など環境がほぼ強制的に変わるので、自然と大人の階段を上らざるを得ません。

しかし、一旦《いったん》大人の世界に放り出されたら、自分の力で考え方や心のありようをリセットして成熟していくしかないのです。

大人になろうとして大人になったのではなく、子どもでいられなくなったから押し出されるように大人になっただけの大人は少なからずいます。

ましてや、老年を生きる、ただ生きるのではなく、生きている意味のある老人として生きるには自分の強い意志が必要です。

生きていく強い意志を持続させるのは、何かに対する情熱です。

その強い情熱は、定年になったから、さあ好きなことをするぞと急に湧いてくるものではありません。

それは若い頃からの「楽しさに集中した経験」によるのです。

若い頃は何かに集中する対象が、人生のある時期に津波のようにやってきます。あるときは本を読むことだったり、旅行だったり、何かの収集だったり、自分のバイオリズムによって襲ってきます。それが自分の経験の厚みになり、その厚みが年を取って気力が落ちたときに回復するためのきっかけになるのです。

何か楽しいことがないかな、と「待つ老人」になってはいけません。

何か楽しいことがないかな、と「行く老人」になるのです。

「生産」をやめると老いる

老人だけに限ったことではなく、若者でも、生産することをやめると精神的に急速に老いていきます。

生産とは、実際に何かを作り上げるだけではなく、精神的な生産も含まれます。

僕の周りで生きがいを持っている人たちは、例外なく何かを生産し続けている人です。

僕の友人の奥さんは、50代半ばになって急にふさぎ込むようになり、笑顔が減った彼女を皆が心配していました。はたから見ると、裕福な家に生まれ、夫も社会的地位の高い職業に就き、子どもたちもいい大学を出て素直に育ち、何をそんなに気に病むことがあるのだろうと不思議に思っていました。

そこで、心療内科にかかったところ、医師から「何か生産的なことをしていますか」と尋ねられたそうです。

よくよく考えてみると、子どもたちも巣立ち、趣味の料理も夫と二人だけになってあまり作る気も起きず、朝起きても今日は何をしようかという意欲も湧かない日々が続いていたそうです。

医師のアドバイスで、以前大好きだった料理を毎日作るだけではなく、写真に撮り、Facebookにアップすることを勧められました。そして実際に行動に移したところ、友人や知人から料理のコメントや、作り方を習いたいというコメントが増え、今は料理教室を開くまでに快復しました。

生産しなくてはと大仰に構える必要はありません。ちょっとした知識や体験や知見を増やすことが大事なのです。

それは、年を取っても、自分が成長できるのだと実感できるかどうかなのです。そして、それが人に喜んでもらえる、幾ばくかの収入になるということは、若い頃とは違う生産の喜びです。

先日、テレビ番組で重度のゲーム依存症の増加について取り上げられていました。それは、既に「ゲーム障害」という病気の一種だとして、WHOでも認定されるほどの、全世界的な問題です。

その番組で、実際のゲーム障害の若者の一日が映し出されていました。昼過ぎに起きてきてから20時間、1日1食のカップラーメンを食べる以外はずっとオンラインゲームをやり続けるのです。昼夜逆転で、体も動かしていないので、布団に入ってからもなかなか寝付けません。以前勤めていた会社を辞めてから、シェアハウスの四畳半の部屋で1年半引きこもりでゲーム漬けの生活です。

また、別の女性は、恋愛のシミュレーションゲームにはまり、70万円ほど課金されていると語っていました。

彼らの生活には、一切の生産がありません。ただ、時間と金をゲームで消費していくだけの生活です。楽しいゲームをしているはずの彼らの姿は、とても苦しそうでした。若いはずの彼らは、既に未来をあきらめた老人に見えました。

何かを生産する生活のきっかけは、何かを好きになることです。好きだからこそ生産できるのですが、その中でも、人と関わる生産をすることはとても大事なことです。

例えば、美術館や映画に行ったりしても、ただ見るのではなく、経験を共有した人と意見や感想を言い合う、もしくは、ネットに感想を書いて人に読んでもらうというプラスαの生産があると、体験がより豊かなものになります。

先に書いた友人の奥さんの例も同じです。ただ料理を作るだけでなく、SNSにアップするというプラスαの生産をすることによって停滞していた人生が変わりました。

何でもいいのです。今までの体験するだけで終わっていたことに、人が関わってくる生産をすることにより、心の働きが活発になるのです。

今までバリバリと働いていた人が、定年になって何もすることがなく急激に老け込んでしまうのは、何かを生産することがなくなってしまったからです。

心が善い方向に活発になっている時間は、人は精神的に老いません。むしろ、若返ります。そして、精神的に老いていない人は、自然と若く見えます。

過去の生産で未来を生きることはできません。人は、今現在何かを生み出し続けなければ、たとえ若者であったとしても老人です。

創造的に生きるには、今日から創造的に生きると思い立って急にできることではありません。今まで一体何をやってきたのだと、心が落ち込む段階を経ることが創造的に生きるきっかけになります。

ここで目指すのは、グレートアマチュアです。

例えば、プロのミュージシャンは、幼い頃から何十年も練習を重ね、現在も更なる高みを目指しています。まさに創造的な人生です。しかし、僕らは、急に楽器を習い始めても彼らの域に達する可能性は0パーセントです。

しかし、あえて楽器を始めるのです。音楽好きの人が楽器を始めることによって、今まで漠然と好きだと感じていた音楽の世界が、とても深く理解できるようになる楽しみを得られるというのはよく聞く話です。

そして、今からでも、センスによってはプロに限りなく近づける分野もあります。

それは、ものを書くという行為です。楽器ならば幼い頃から訓練を積まねばなりませんが、言葉は幼い頃から皆同等に日本語を話し、書き、聞いています。

インターネットが普及してから、ＳＮＳでものを書くことが普及しているのはそのためだと僕は分析しています。

他の分野でも、誰もが人生で営んできた分野、例えば料理や、何かを育てることや、生活に根差したことでは、グレートアマチュアになれるのです。

自分の人生の始まりにチャンスを与えられなかったことへの、己の敵討ちです。

幼い頃に環境を与えられなかったからプロにはなれなかった憧れの分野にこそ、創造的に生きるための鍵があるのです。

老いは失われゆく若さに勝る

年を重ねることの喜びの一つに、「自分の可能性が少なくなる」ことがあります。若い頃は、自分の可能性の多さと、それに追いつかない自分自身に苦しみますが、年を取ると、できることが限られてくるので少ない可能性に集中することができます。

僕は何者にでもなれた、しかし、年老いた自分は何者でもない。これは自虐ではなく、僕の素直な感想です。

素敵な女優さんが酒を飲みながら僕に打ち明けたのですが、若い頃、「あなたはモデルになれるよ」とよく言われていましたが、パリへ初めて行き、ファッションショーでモデルを見たら、同じ人間かと思うほど手足が長くて美しく驚いたそうです。それで、女優になったのよと言っていました。日本で活躍している友人の歌手は、「君は凄い才能がある」と言われてブロードウェーのオーディションに挑戦し続けましたが落ちてばかりでした。

可能性が多いということは、若い自分を落ち込ませることも多いのです。しかし、その時期を過ぎて、己を知った自分に残された数少ない可能性は確かなもので、年老いても自信と確信を持って挑戦できます。

若い頃とは違う、年老いてこその自信を持つことができるのです。

時間は平等に人に訪れますが、その質は平等ではありません。

若さとは、いつか治る病だったとさえ思えてきます。

もちろん、老いることで様々な苦労がありますが、若い頃はもっと激しい葛藤がありました。

しかし、最近のニュースを見ていると、人生の経験の順番が乱れているなと思います。まだ、自分の人生を楽しみ充実させる50代の人が、長生きする老人が増えたため親の介護に疲れ果てていたり、逆に、自分の老後を助けてくれるはずの子どもが年老いた親の年金で引きこもって暮らしたりしている例がよく取り上げられます。

他にも、将来のために奨学金を借りて大学を出たにもかかわらず、その返済で就職をしたあとも生活がままならず、親子で自己破産というケースも問題になっています。人生の番狂わせがあまりにも多いのです。

一休宗純《いっきゅうそうじゅん》は、孫が生まれためでたい席で一筆書いてくれと頼まれ、「親死ぬ　子死ぬ　孫死ぬ」と書をしたため、何故こんな不吉なことを書くのかと責められたことがありました。しかし、一休に言わせると、親が、子が、孫がという順番で逝くことにこれ以上の幸せがあるだろうかと返しました。

段階がきちんと守られて老いることが、幸せに老いるということです。

家人は年を取ってよかったわねとよく言います。若い頃は、外国のレストランなどで誰かの連れ合いという扱いだったのが、ちゃんとしたマダムとして扱われるようになったと言うのです。

若者として、大人として、というふうに扱われるのではない。ここにいるべき人間として、ふさわしい敬意を払われる人間として扱われるようになるのです。家人に言わせると、むしろその場を制する男に負けない優雅さで自然に振る舞える喜びを感じられるのが大人の女性なのだそうです。お金を多く出した者が優遇されるのではなく、本人の魅力の実力が試される場なのです。

東京の家に帰れば、イワシが1匹300円ですって、昔は、近所の魚屋さんがおまけでくれていたわと愚痴る家人と、パリのグランメゾンで優雅に振る舞う家人は、僕の目には等しく魅力的な女性なのです。

年を重ねると、「知らないことは知らない」と正直に言えるようになります。若い頃は無理をして知ったかぶりをしていました。何か知らないことを恥ずかしく思っていたのでしょう。「無知の無知」が「無知の知」になれたのです。

例えば天ぷら屋で「銀宝《ぎんぽ》とはどんな魚ですか？」と尋ね、フレンチを食べに行って「ワインのことはソムリエのあなたにペアリングをお任せします」と言えるようになって、ゆったりと食事ができるようになりました。

プロフェッショナルを尊敬し、プロフェッショナルからこの人に最高のおもてなしをと思われるようになるのです。

成熟した大人とは、「それは何ですか？」と、知らないことを素直に聞ける余裕なのだなと思います。

たとえ医学が発達して寿命が300歳になったとしても、今の自分と同じ知らないことばかりでしょう。好奇心をずっと持ち続けていくためには、いつも何かを知りたいという気持ちを持ち続けるのです。その分、人は成熟します。

年を取るのも、悪いことばかりではないのです。

いつか全て終わるのだから、今は頑張ろう

僕の好きな歌人の山崎方代《やまざきほうだい》の歌に、「私が死んでしまえば　わたくしの　心の父はどうなるのだろう」という歌があります。

自分が死に、そして自分を覚えていた人もいなくなり、完全にこの世から忘れられていくのです。一度目は命がなくなり死を迎え、人に忘れられて二度目の死を迎えるのです。完全な無です。

この運命から逃れられる人は1人もいません。自分の作品や生き様でその名を永遠に残す人もいますが、死なないことで永遠性を得る人はいません。

しかし、僕はそれでよいと思います。死とは、完全に忘れ去られるということなのです。死は怖いものですが、死を恐れるのは動物としての人間の本能です。人間は死に向かって生きていることを知っている唯一の動物です。

一刻一刻と貴重な時間を刻み、終わりが来ることを知りながら、無駄な時間を過ごし、生を当たり前のことだと思い、死に近づいていることも、意識しないで生きている。

死をいつかだと思っていませんか？

死は、3日後かもしれません。

つい最近、僕の親類の40代前半の登山が趣味の女性は、朝、行ってくるねと出かけて、夜には仏さまになって帰ってきました。山から滑落したのです。3人の幼い子どもを残したまま。

夜、寝る前に彼女の笑顔を思い出し、涙がこぼれることがあります。

だから、僕は、好きな人ができたら迷わず好意を告げます。これだ！と思うものは迷わず買います。旅に出たいと思ったら行ける所まで行ってみます。82歳になって、やらなかった後悔が、やってしまった後悔より深いことを知りました。

やりたいことをとことんやるべし。

今日限りの命のつもりで、永遠に生きるつもりで。

そして、死は解放でもあります。

死を非常に恐れる人は、生きていることを非常に恐れています。

生まれてくることが祝福であるのならば、死ぬこともまた祝福されるべきなのです。

自分がこの世から一瞬でいなかったことにできるスイッチがあれば、あなたは押しますか？

元々、自分がこの世に存在せず、誰の記憶にも存在しなくなるスイッチです。

押したいという人もかなりの数いると僕は思っています。多くの人が毎年自死を選ぶことからしてもそう思います。

しかし、心配はいりません。全ての人がそのスイッチを、生まれたときから押されているのです。いずれ自分が無になるスイッチを。

いつか全て終わるのだから、今は頑張ろうという思いが、何度も僕を救ってきたのです。

第7章　自己実現について

どうにもならないことに心を注がない

自己を実現しているかどうかということは、なりたい自分になれているかということです。

しかし、なりたい自分に近づくことはできても、完璧になりたい自分には決してなれません。

なりたい自分を目指すのは大事なことですが、なりたい自分になれていないということばかり不満に思っていては一生欲求不満の人生です。

自分の思い通り100パーセントの人生を送れた人は、過去も未来も1人もいないのではないのでしょうか。

82年間生きてきて実感するのは、自分の人生をコントロールできるのは、せいぜい50パーセントです。ましてや、他人をコントロールすることはできません。

よく、生きづらいと相談を受けるのですが、大抵彼らは自分でコントロールできない50パーセントのことで悩んでいます。

自分が今やるべきことは、どうにかなる50パーセントのほうなのです。「どうにもならないこと」は絶対にあります。そのどうにもならないことに心を注いでも仕方がない。

やるべきことは「どうにかなること」なのです。

そして、どうにかなることをやり続けると、どうにもならなかったことが、どうにかできるようになることもあります。

だから、僕は「今」できることを「今日」やります。

逞しいアイデンティティを持つ

自分の核となるアイデンティティを持つということは、人生に起こる様々な困難に自分が潰されないということです。

例えば、僕にとっては、それは書くことでした。自分の出版社の経営や、人間関係、親子の別れ、いわれのないバッシングを受けたりなど苦しいことはたくさんあります。しかし僕は、「書く」ということで乗り越えられました。

このアイデンティティを持つということには、一つ心に留めておくべき大事なことがあります。

それは、自分の拠りどころとするものが、他人や物ではいけないということです。あくまでも、己に立脚した自分自身でなくてはならないのです。

他人や物は失われます。人は心変わりするし、物は己のただの所有物です。そんな不確かなものに、自分という人間を任せるわけにはいきません。

必ず己の中に、逞しいアイデンティティを持つのです。

それは他人より優れていたり、他人が持っていないものであったり、特別なものである必要はありません。

例えば、仕事や容姿もそこそこで目立たない平凡な自分だけれど、家族思いの心を持っているということを自覚していれば、自分は人を大切にできる人間なのだという立派なアイデンティティになりますが、家族そのものが私の自慢というのでは、家族がいなくなると、その自信は崩れてしまいます。

たとえ多くのものを失っても最後に自分に残るものを持つこと。

それが自己実現のために最も大切なことなのです。

強く優しくとは、よく言われることですが、僕は「逞しさ」がそこに加わることが非常に大事だと思います。

頑丈なアイデンティティは揺らぐことがありません。

どんな肩書であろうが、地位や名誉がなくなろうが、何歳であろうが、自分が自分でいられるのが成熟した大人なのです。

過去が未来を決めるのではなく、未来が過去を決める

「『これまで』が『これから』を決めるのではなく、『これから』が『これまで』を決める」。理論物理学者・佐治晴夫《さじはるお》さんの言葉です。

自己を実現するためには、既に自分の人生では遅過ぎると思い込んでいる人にとって希望の言葉です。

全ての人が、過去にあった嫌なことやトラウマを抱えています。しかし、佐治先生の言葉のように、これからがこれまでを決めることができるということは、過去の解釈を変えることができるのだということなのです。

もう起こってしまった過去を変えることはできない。

しかし、その過去の解釈を変えることはできます。

今の自分が未来に向けて希望を持った瞬間から、過去の解釈が変わるのです。

もっと以前から、そう考えられたらよかったのにと思うことはありますが、そう思えるまでには今までの全人生が必要だったのだと考えるということが、過去の解釈を変えることができた証拠です。

その転換期がいつ来るのかは分かりません。しかし10代で頑張れなかったら、20代で頑張ればいい。20代で頑張れなければ、30代で頑張ればいい。何十代から頑張ってもいいのです。そうすれば、行きたかった場所には行けないかもしれないが、行くべきところには辿り着けるでしょう。

人生の中で、特別に重要な時代はないのです。どの世代も、その時その一瞬が重要なのです。

若者の1年が重要な時代であることと、老年の1年が重要であることは同等なのです。

自分の限界をあえてつくる

僕が若かった頃は、自分の限界を決めるなという風潮がありました。多分、今でもそういう考えはあるのでしょうが、僕はあえて「限界をつくれ」と言いたいのです。

その分かれ目は、これ以上頑張って自分が幸せになれるかどうかのラインだと思います。幸せになれないと思ったらあきらめてもいいと思うのです。ただし、十分に頑張ったあとならばのことです。

平昌オリンピックで2連覇した羽生結弦選手は日本記者クラブの会見で、「できるときにできることを精いっぱいやる。できないときはそれなりのできることをやる」と話されていて、一般人の僕らにも応用できるいい言葉だなと思いました。

できないときに、全てやめてしまわないことが大事なのです。

できないときはできないなりに、自分がコントロールできることに集中するのです。

これはオリンピックの金メダリストだけではなく、仕事にも人間関係にも応用できます。

羽生選手は、自分の限界を知っていたからこそ、大けがをしたあとに金メダルを取れる戦略を考えられたのだと思います。

「悩む」ことと「考える」ことは違います。

悩むことで問題は解決しませんが、考えることは最良の答えを見つけるということです。

それが駄目だったら、2番目、3番目によい答えを考え続けるのです。

悩むのは心の領域であり、考えるのは行動の領域です。

問題が起こったら、悩みながらでもいいからまず考えよ。考え抜け。

そして、考え抜いたことを行動に移すのです。

「真剣になれ、深刻になるな」

このことこそ、強い人間でいられ続ける秘訣です。

いざというときには普段やっていることしかできない

僕が友人宅を訪れたとき、思いがけず話が弾み少し長居してしまいました。そうしたら、そこの奥さんが、お腹がすかれたでしょうと、お盆に美味しそうなおにぎりとみそ汁とお新香を載せて持って来てくださいました。

何気ない料理でしたがとても美味しく、普段から料理が得意で気遣いのできる人でなければ、こんなに軽やかな心遣いはできないだろうなと感動しました。

また、別の友人宅では、とても寒い冬の日に、お茶菓子ではなく鍋焼きうどんが出されました。その前に、「このあと、食事をする予定はあるかい？　なければ鍋焼きうどんを作るよ」と一言ありました。

また、別の僕の若い友人は、日本各地で災害が起こるたび、さっと身軽にボランティアに参加します。飲食関係の仕事をしているので、トラックに食料や支援物資を載せ駆けつけます。職業柄、被災者の方々が食べ飽きていない食材を選ぶ心遣いも忘れません。日常の小さなことから、災害時の大きなことまで、このような気遣いは普段やりなれていることしかできないものです。

僕は人の言葉より行動を信じます。

この世に、「完璧な準備」はできないけれど、「ある程度の準備」をしているのが成熟した大人です。準備をしていたら、チャンスを逃すことが少なくなります。

身近な例で言えば、普段から自分を磨いていないと、好きな人に誘われても気の利いた会話もできずに、つまらない人だなあと思われて次に繋がりません。

人生の準備は非常に大切なことです。

100パーセントの決断を下すための十分な情報など決して手に入りません。そのための準備なのです。

昔から「段取り八分、仕事二分」と言います。

不意の出来事にもうろたえず、今日の自分は大丈夫といつも言える自分でいたいものです。

苦労は人を歪める

「若いうちの苦労は買ってでもしろ」という言葉がありますが、僕はそうは思いません。あえて言うのであれば、苦労は報われてこその苦労であり、身に付くものです。無駄に苦労を重ねて人間性が磨かれるというようなことはないし、苦労が人を育てるということもありません。

できることなら余計な苦労はしないほうがいい。

しかしここで強く言いたいのは、苦労のない人生はないので、その苦労をどう活かすのかで人生の質が変わるのです。

「苦労で自分を歪めないこと」という強い信念を持っていないと、人は苦労で歪んでしまいます。

他人に背負わされた苦労だけではなく、自分自身も余計な苦労を自ら作り出していることがあります。そういうときに客観的に己を省みてみると、嘘や不誠実さや余裕がないなど自分がネガティブなときです。

苦労は自分の力で減らすことができるのです。

苦労を減らすためには、「人のせいにしない」という強い覚悟が必要です。

今の自分は誰かのせいだけではない、自分の選択が原因なのだと潔く認めなければ、次のステップには進めません。

親が、上司がと、加害者を作り出し責任転嫁し続けていては、己の人生は人のせいで駄目にされたといつまで経っても被害者のままです。

世を揺るがすような罪を犯す者がいますが、例えば、秋葉原の無差別殺傷事件の犯人は、犯行の理由が人のせいでした。母親の子育てが悪かった、職場でいじめにあった、ネットで中傷された。大の大人が、自分の裁量がきく年齢になってもずっと人のせいだったのです。他人の人生を終わらせる理由が人のせいなのです。

裁判では、「死刑でいいです」と言い放ちました。

自分の苦労を人のせいにするのは簡単です。自分が努力しないことの原因が他人にあると言うのですから。

同じような理由で犯行にまで及ぶ犯罪者は後を絶ちません。人の命を殺《あや》めることでさえ人のせいなのです。

ネットのなかった時代、僕の少し下の世代の永山則夫《ながやまのりお》の連続射殺事件も同じでした。今の時代でも、アメリカをはじめ銃の規制が緩い国では乱射事件は度々起こりますが、いつも原因は判で押したように他人のせいです。

違うのです。自分に与えられた過酷な環境を乗り越えていくのが正しいのです。

全ては「自分のせい」なのです。

僕は、「自分原因説」というものを信じています。たとえどんなに過酷な条件でも、自分に与えられたカードで人生は勝負するしかないのです。

「自分が原因」と「被害者意識」は全く違うものです。

自分が原因と思っている者はそれを乗り越える力を持てますが、被害者意識が抜けきらない人のせいと考える者は、苦労で自分が歪むのです。

自分が自分を守る

自己実現とは、自分が自分を守るということです。自分を大切に扱うということです。他人が自分を雑にあしらうことがあっても、自分は、自分を守るのです。

自分を守ることと、自分を甘やかすことは違います。

友人のミュージシャンにとても才能のあるビブラフォン奏者がいます。しかし、現在の彼は眼もうつろで体は太りたいだけ太っています。僕は、彼のビブラフォンが大好きだったのですが、彼は薬物で捕まり執行猶予中に再度薬物で捕まり、懲役刑で何年か会うことができませんでした。

それでもたまにライブを行うことがあり、食事に誘うこともあるのですが、もう以前のような彼ではありません。一流だった演奏技術も落ち、食事中にもしょっちゅう精神安定剤や抗鬱剤を飲んでいます。

しかし、僕は彼がいつか復活してくれるのではないかと期待しています。もちろん、彼が以前の彼に戻るにはもう少し時間が必要でしょう。

確かに彼は自分を雑に扱った罰として、信頼や音楽家としてのキャリアを失いました。それでも、彼を信じ、彼の元から離れていかず再起を期待している人たちが大勢いるのです。

確かに薬物に手を出すなどという馬鹿げた犯罪を起こしましたが、人には復活のチャンスがあるのです。

一度駄目なら、その後も駄目などということは決してありません。

彼は「失われた時間」を取り戻すために、これからも大変な苦労があると思いますが、未来が失われたわけではないのです。

豪華な生活より、気持ちのいい生活

「自分はたいしたことはできずに死んでしまうのか」。もし偉業を成し遂げたとしても、誰もが最期はこう思って死んでいくのではないでしょうか。

吉本隆明《よしもとたかあき》さんの著作にこういう一節があり、とても共感したことがあります。

「市井《しせい》の片隅に生まれ、そだち、子を生み、生活し、老いて死ぬといった生涯をくりかえした無数の人物は、千年に一度しかこの世にあらわれない人物の価値とまったくおなじである」（「カール・マルクス」『吉本隆明全著作集12』）

ここで語られている「千年に一度」の人物とは、カール・マルクスのことです。

マルクスのような世に名を残す人物の価値と、あなたや僕の人間の価値は同等であると言っているのです。

吉本さんの言葉で他にも大切にしている言葉があります。

「結婚して子を産み、そして、子に背かれ、老いくたばって死ぬ、そういう生活の仕方をして生涯を終える者が、いちばん価値がある存在なんだ」(「自己とは何か」『敗北の構造』)

この吉本隆明さんの言葉は、僕の人生観そのものなのです。

もちろん、尊敬の念を持って畏怖《いふ》する人物はいます。逆に大したことないなと思ってしまう人もいます。しかし、その人たちと自分は同等なのです。

どんなスーパースターの豪華な生活よりも、僕は、親子、夫婦、友人などとの気持ちのいい生活を選びます。

自分は、何か偉業を為《な》し得ることはないかもしれない、しかし、いい人生であったと思うことができればこれ以上の幸福はありません。

それこそが、自己実現なのです。

心の避難場所を見つける

80歳になって、若い頃には誰にでもできることが、できなくなることが増えました。しかし、誰にでもできることができなくても、誰にもできないことが一つあればいい。やりたいことが一つあればいい。僕にはその一つがあります。

全てのことにおいてオールマイティーに大人でいることは難しいですが、自分だけにできるたった一つがあれば、年を取っても生きがいを持って死ねるのです。

僕は、7年以上ツイッターをしていますが、自分のやりたいこと、自分の長所、自分の好きなことが何もありません、どうすればいいのでしょうかというリプライが数多く来ます。

自分という人間に、たった一つの美点も見つけられないというのです。いくら何でも、それは自信をなくし過ぎではないでしょうか。

やりたいことを見つけるとは、自分の自信のある分野を楽しむということです。

彼らのリプライを読んでいると、やりたいことを見つけるというよりも、何かをやりたくない言い訳を探しているようにも読めます。

ここで大切なのは、人にどう思われているのかなどと気にしないことです。自分が楽しければいいのです。

私はこれを好きでやっている。これで食べていけるわけではない。しかし、好きでやっているのだからそれでいいという納得。

何か夢中になれることを持つのは、心の避難所を得るということです。その楽しみがあれば嫌なことがあっても、その場所に避難できます。

そして、とても大事なことなのですが、やりたいことには必ず人が関わってきます。

生きがいは、人と関わることを恐れていては見つかりません。

僕は、「やったもの勝ちの法則」を持っています。

どうしようかなあ、と思ったら、人に迷惑をかけない限りやってみるのです。

「やる」か「やらないか」は、すなわち「有」か「無」です。

問題は、できるのにやらないことなのです。

人生の二毛作、三毛作

スポーツの世界では、20代半ばでベテランと言われ、30代で引退は当たり前という話をよく聞きます。選手としての絶頂期が10代というスポーツさえあります。

幼少の頃からその世界にどっぷりと浸《つ》かり、それまでの人生を捧げてきたにもかかわらず、それが分かっていながら世界への挑戦を続け、成績が残せなくなってきたら引退の二文字がスポーツ紙を飾ります。その一世を風靡《ふうび》した選手たちのセカンドキャリアは様々です。

報道によると、アメリカンフットボールのNFLでは引退から2年間で8割近くが破産かそれに近い経済状況、バスケットボールのNBAでは引退から5年間で6割の選手が破産しているといいます。さらにメジャーリーグのMLBでも似たような状況だと言われています。

人生が一毛作だと考えていれば、そうなって当たり前でしょう。

しかし、人生のステップは何段階もあり、二毛作、三毛作が可能だと理解している人にとっては、一つのキャリアの終わりは次に向けてのステップです。

スポーツの世界で言えば解説者か指導者になるなど、次の道は開かれています。しかし、そうなれない人が少なからずいるのが現状です。

それは有名人には限りません。一般人でも同じです。

ファーストキャリアが終わったときのことをよほど強く考えていなければ、死ぬまで生きがいを持っていることは難しいものです。

特に若い人に言いたいのは、夢や希望が打ち砕かれたら、さっさと次の人生を生きるのです。

人生に夢が一回きり、一度だけというのは思い込みです。

人生、二毛作ぐらいは当たり前。

長生きすれば三毛作ぐらいいけます。

そんなに悲観的になりなさんな。僕の好きな言葉に「楽観的になりたければ、客観的になれ」という言葉があります。

先日、人生二毛作も三毛作もあるよとツイートしたら、失敗したら人生即退場という現実が分かっていないというリプライがあったのですが、そんな現実は僕は知りません。

人生は「負け」を受け入れる連続です。

100回負けても、101回目に勝てたら上等。勝ちを理解するのは簡単です。負けを理解してこそ次に行けるのです。

最後に

年を重ねるたびに僕の身体は老いぼれていきます。身体の強度は衰えていっています。

しかし、心配はしていません。

人間強度は増すばかりです。

体の衰えで死ぬでしょうが、精神は最強で死んでやるというのが僕の生き様です。

強さだけではありません。

例えば、自分とは全く違うレベルで尊敬できる人、好きで好きでたまらない人、自分が幸せにしてあげたいと無条件に想える人。

そんな人たちがいてくれるこの世界なら、僕も頑張って生きていく価値があると思えることの幸せ。あたたかな気持ちで生きていけます。

判断に迷ったら、人として美しいほうを選べ、というのが僕の人生の結論です。

人生には必ず後悔が伴います。過去を振り返ると、ああ、あのときあの人やあの状況に対してもっと最善の言動があったのになあと後悔することが多々あります。

しかし、仕方ないのだ、あのときはそれが自分の精いっぱいだったのだ、今そう思えるようになるには、そのときの後悔を含めた自分の全人生が必要だったのです。人生はそうやって取り戻すしかないのです。

僕は、大人の定義として、「人を傷つけることもあるし、傷つけられることもある」ということを理解している人だと思います。

そしてまた、「誰かを許し、自分も誰かに許されていること」を理解している人です。

人生に迷ったときは、人として美しいほうを選べばいい。

楽しいほうを選べばいい。

相手が喜んでくれるほうを選べばいい。

何も難しく考える必要はないのです。

これから先の残された時間も、シンプルによりよいほうの選択をしながら生きることができればいうことなしです。

僕が若い人に遺す言葉は、つらいことはたくさんあったよ、でも不幸ではなかったよということです。

「所詮、自分なんてこんなものさ」などとは、絶対に考えてはいません。「まだまだ、こんなもんじゃないぜ」と、僕の年でも考えています。誰がどう言おうが、自分で自分の可能性を閉じようとは思いません。

今後の人生、この瞬間より若い時はありませんが、今日も自分の可能性を信じて楽しめる日々を送ります。

絶頂のあとは、成熟か衰退です。

僕は絶頂期を過ぎた老人ですが、衰退ではなく成熟を選びます。

小池一夫 こいけ・かずお
作家、漫画原作者。中央大学法学部卒。1970年『子連れ狼』（画／小島剛夕）を執筆以来、漫画原作、小説、作詞、脚本など幅広い創作活動を行う。代表作に『首斬り朝』『修羅雪姫』『弐十手物語』『クライングフリーマン』など多数。1977年より漫画家育成のため「劇画村塾」を開塾。高橋留美子、さくまあきら、原哲夫、堀井雄二、板垣恵介など多くのクリエーターを育てる。主な著書に『「孤独」が人を育てる』（講談社＋α新書）、『ふりまわされない。』（ポプラ社）などがある。2010年より開始したツイッターのフォロワー数は80万人を超える（@koikekazuo）。

朝日新書
682

人生《じんせい》の結論《けつろん》

2018年８月30日第１刷発行
2025年５月20日第16刷発行

著　者　小池一夫

発行者　宇都宮健太朗
カバーデザイン　アンスガー・フォルマー　田嶋佳子
印刷所　TOPPANクロレ株式会社
発行所　朝日新聞出版
〒104-8011　東京都中央区築地5-3-2
電話　03-5541-8832（編集）
　　　03-5540-7793（販売）

Published in Japan by Asahi Shimbun Publications Inc.
ISBN 978-4-02-273782-3
定価はカバーに表示してあります。

落丁・乱丁の場合は弊社業務部（電話03-5540-7800）へご連絡ください。
送料弊社負担にてお取り替えいたします。

朝日新書

不動産の未来
マイホーム大転換時代に備えよ

牧野知弘

不動産に地殻変動が起きている。高騰化の一方、コロナによって暮らし方、働き方が変わり、住まいの価値観が変容している。こうした今、都市や住宅の新しい価値創造は何かを捉えた上で、マイホームを選ぶことが重要だ。業界の重鎮が提言する。

全米トップ校が教える自己肯定感の育て方

星　友啓

学習や仕事の成果に大きく関与する「自己肯定感」は世界的にも注目されるファクターだ。本書は超名門スタンフォード大学オンラインハイスクールで校長を務める著者が、そのコンセプトからアプローチ、エクササイズまで、最先端の知見を凝縮してお届けする。

リスクを生きる

内田　樹
岩田健太郎

コロナ禍で変わったこと、変わらなかったこと、変わるべきことは何か。東京一極集中の弊害、空洞化する高等教育、査定といじめの相似構造、感染症が可視化したリスク社会を生きるすべを語る、哲学者と医者の知の対話。同著者『コロナと生きる』から待望の第2弾。

全面改訂 第3版
ほったらかし投資術

山崎　元
水瀬ケンイチ

これがほったらかし投資の公式本！　売れ続けてシリーズ累計10万部のベストセラーが7年ぶりに全面改訂！　おすすめのインデックスファンドが一新され、もっとシンプルに、もっと簡単に生まれ変わりました。ｉＤｅＣｏ、２０２４年開始の新ＮＩＳＡにも完全対応。

ルポ　大谷翔平
日本メディアが知らない「リアル二刀流」の真実

志村朋哉

2021年メジャーリーグMVPのエンゼルス・大谷翔平。米国のファンやメディア、チームメートは「リアル二刀流」をどう捉えているのか。現地メディアだけが報じた一面とは。大谷の番記者経験もある著者が日本ではなかなか伝わらない、その実像に迫る。

自衛隊メンタル教官が教える
イライラ・怒りをとる技術

下園壮太

自粛警察やマスク警察など、コロナ禍で強まる「1億総イライラ社会」。怒りやイライラの根底には「疲労」がある。怒りは自分を守ろうとする強力な働きだが、怒りの暴発で人生を棒に振ることもある。怒りのメカニズムを正しく知り、うまくコントロールする実践的方法を解説。

画聖　雪舟の素顔
天橋立図に隠された謎

島尾　新

画聖・雪舟が描いた傑作「天橋立図」は単なる風景画なのか？　地形を含めた詳細すぎる位置情報、明らかに歪められた距離、上空からしか見ることのできない構図……。前代未聞の水墨画を描いた雪舟の生涯を辿りながら、「天橋立図」に隠された謎に迫る。

江戸の組織人
現代企業も官僚機構も、すべて徳川幕府から始まった！

山本博文

武士も巨大機構の歯車の一つに過ぎなかった！　幕府の組織は現代官僚制にも匹敵する高度に発達したものだった。「家格」「上司」「抜擢」「出張」「横領」「利権」「賄賂」「機密」「治安」「告発」「いじめ」から歴史を読み解く、現代人必読の書。